国連に「冤罪・和歌山カレー事件」を訴える

日本の「捜査法」の無い捜査、
「裁判官の独立」の無い裁判は
世界人権宣言違反

著者　生田 暉雄
（再審申立代理人弁護士）

はじめに

「和歌山カレー事件」の再審申立に関する国内法上の処理は全て尽くした状態です。後は、国連に訴える以外に救済手段は残っていません。

ところが、本文の「第一選択議定書」の項で述べる通り、日本国は、国連の国際人権規約を批准していますが、締約国の個人でも人権委員会に訴えることができる、「第一選択議定書」を批准してません。国連加盟国１８５ヶ国中、「第一選択議定書」を批准している国は１６８ヶ国です。しかし、日本は残り17ヶ国中の１国です。

１６８ヶ国が批准する「第一選択議定書」を批准しない17ヶ国中の１国が日本なのです。これが日本の国連重視の実態です。

なぜ、日本は「第一選択議定書」を批准しないのでしょうか。

「捜査法」が無い日本の捜査、「裁判官の独立」の無い日本の裁判が、「第一選択議定書」を批准すると、国民個人から人権委員会に訴えられるからです。

それを阻止するため、日本国は「第一選択議定書」を批准しないのです。

日本国は国際人権規約批准にあたって、国連に真実を通告していないことが明らかです。

「捜査法」の無い捜査、「裁判官の独立」の無い裁判の真実を告げていません。この点を「第一選択議定書」未批准を批判する理由に出来ると考え、「和歌山カレー事件」を国連に訴えることを考えました。

しかし、まだ他に手段はあるのではないか。複雑で膨大な国連機構や、それに関する文字通り気の遠くなるような山のような資料や書籍、それらを丹念に仔細に渉猟しているとある手段を発見しました。慣習を根拠とする人権委員会に対する請願権があることです。

『国連法』(藤田久一著 東京大学出版会)(同書150頁〜157頁)によると、国連決議は、(1)憲章(2)黙示的権限(3)慣習法によることを淵源(ソース)として、決議されるとのことです。

そのうち、重大な人権侵害に対する経済社会理事会決議(いわゆる1503手続)は、人権委員会を中心に形成された一般的規則としての慣行的手続であると考えられるとのこと。この手続のもとで個人やNGOに慣行的に請願権が認められている、とのことです(同書157頁)。このように明言されていることを発見しました。正に渉猟の効果です。

そこで、本件訴としては、この慣行的な請願権を根拠に訴えることとしたいと思います。「和歌山カレー事件」を闇に葬ることは許されません。

「和歌山カレー事件」は、夏祭りで提供されたカレーを食べ始めて1時間半で捜査開始。食べ始めて12時間半で捜査本部設置です。カレーを食べて嘔吐や下痢の異変を発生した人、捜査本部設置の約3時間半前に自治会長死亡が発生していますが，いまだ食中毒の情報さえ蔓延していない段階です。

政府関係者からの、犯罪が発生するとの通報が入り、捜査機関はその通報に従わなければならない強力な権威を有する重要個所からの通報だと考える以外に、この早々の犯罪対策を理解できません。

カレーを食べて翌日に自治会長、翌々日に死亡した残りの3人の正規の死体解剖がされます。解剖結果、警察発表ということで「和歌山カレー事件」は青酸化合物殺人ということで、以後約1ヶ月マスコミが沸き返ります。

ところが、捜査・訴追機関は、解剖結果を裁判の証拠として提出せず、青酸化合物殺人の捜査線の捜査をせず、捜査の常道といわれる、死亡した本人や親族の身辺等を洗う捜査等も一切しません。このことは、捜査機関による犯罪実行者側に対する配慮だと考える以外に、合理的な理由がありません。犯罪実行者側も、犯罪報告者側に負けずとも劣らない政府関係の最有力者であると考えられます。そのため捜査機関は、犯罪実行者側にも一切関与していないのです。

そして膨大な捜査員を2ヶ月余り使い、10月4日被告人は逮捕された後、本件「和歌山カレー事件」の一連の裁判となります。

要するに、「和歌山カレー事件」は、捜査機関において、政府関係者筋の真犯人を逃して、無辜の市民を犯人に仕立て上げる冤罪をデッチ上げたのです。

民主主義を標榜する国において、このような見え見えの冤罪が許される訳はありません。

国連に慣習を根拠とする請願権を使ってでも、「和歌山カレー事件」を正す必要があります。そうでなければ、日本国民はいつ何時、第2、第3の「和歌山カレー事件」のような冤罪の被害者になるかもしれないからです。

国民の生活の安定を計るのが国家の役割です。ところが「捜査法」を作らず、「裁判官の独立」を確立せず、国民を不安な状況に置いて、政府の意のままに扱うのが、日本国の政府のやり方です。

本来の国民の生活の安定のため、早期に「捜査法」を制定し、「裁判官の独立」を確定させるため国連の介入に託することにしました。

2023年1月吉日

生田　暉雄

もくじ

第１章　これでも死刑判決と言えるのか、原判決の特異性

第２章　誤判の極みこれでも死刑判決と言えるのか

序章　世界人権宣言に反する、日本の「捜査法」の無い捜査、「裁判官の独立」の無い裁判

真犯人の政府関係者を逃がし、無辜の市民を死刑にする「和歌山カレー事件」。

このような世界人権宣言に明白に反する捜査、裁判は、世界に知れ渡ると、重大な反国連行為として、国連から非難決議がなされることは確実です。

そこで「捜査法」の無い捜査、「裁判官の独立」の無い裁判を公にしないようにしているのが、日本国の現状です。

以下では、「和歌山カレー事件」を国連に訴える手続を模索していきます。

まず、世界人権宣言について見て行きましょう。

◆世界人権宣言

1、世界人権宣言とは何か?

国連が創設当初に成し遂げた大きな業績の一つは、１９４８年12月10日に総会が採択した世界人権宣言である。総会は、この宣言を「すべての国民と国家が達成すべき共通の基準と呼び、全加盟国と国民に対して、宣言に掲げられた権利と自由を十分に認識し、またその遵守に努めるよう要請しました。

１９５０年、総会は毎年12月10日を人権デーとし、世界中で記念行事を行うことを決議しました。

宣言は前文と30ヶ条から成り、世界中のすべての男女がいかなる差別もなく享受する資格がある人権と基本的自由を掲げている。宣言の基礎理念を規定している第1条は、「すべての人間は生まれながらにして自由であり、その尊厳と権利とにおいて平等である。また理性と良心を供えており、お互いに友愛の精神をもって行動すべきである」と述べています。

まずは、前文を紹介します。

人類社会のすべての構成員の固有の尊厳と平等で譲ることのできない権利とを承認することは、世界における自由、正義及び平和の基礎であるので、

人権の無視及び軽侮が、人類の良心を踏みにじった野蛮行為をもたらし、言論及び信仰の自由が受けられ、恐怖及び欠乏のない世界の到来が、一般の人々の最高の願望として宣言されたので、

人間が専制と圧迫とに対する最後の手段として反逆に訴えることがないようにするためには、

法の支配によって人権を保護することが肝要であるので、
　諸国間の友好関係の発展を促進することが、肝要であるので、
　国際連合の諸国民は、国際連合憲章において、基本的人権、人間の尊厳及び価値並びに男女の同権についての信念を再確認し、かつ、一層大きな自由のうちで社会的進歩と生活水準の向上とを促進することを決意したので、
　加盟国は、国際連合と協力して、人権及び基本的自由の普遍的な尊重及び遵守の促進を達成することを誓約したので、
　これらの権利及び自由に対する共通の理解は、この誓約を完全にするためにもっとも重要であるので、
　よってここに、国際連合総会は、
　社会の各個人及び各機関が、この世界人権宣言を常に念頭に置きながら、加盟国自身の人民の間にも、また、加盟国の管轄下にある地域の人民の間にも、これらの権利と自由との尊重を指導及び教育によって促進すること並びにそれらの普遍的かつ効果的な承認と遵守とを国内的及び国際的な漸進的措置によって確保することに努力するように、すべての人民とすべての国とが達成すべき共通の基準として、この世界人権宣言を公布する。

2、宣言の具体的内容を検討しましょう！

第1条は、宣言の基本的な前提を次のように定義します。
（1）自由と平等の権利は人間の生まれながらの権利であり決して手放してはならない。
（2）人間は理性的かつ道徳的存在で地球上の他の生き物とは異なり、したがって他の生き物が享受していない権利と自由を享受する資格を与えられている。

人権と基本的自由の享受に関する平等と非差別の基本原則を述べています。

第2条は、「人権、皮膚の色、性、言語、宗教、政治上その他の意見、国民的若しくは社会的出身、財産、門地その他の地位」などによるいかなる差別も禁じています。

宣言の第一の基礎である第3条は、他のすべての権利の享受に欠くことのできない本質的な権利として、人間の生命、自由、安全の権利を宣言しています。この第3条は、他の市民的および政治的権利について述べている第4条から第21条への導入部です。次は第4条以下第21条までの内容です。

1、奴隷であること、苦役に服することからの自由

1、拷問、残虐で非人道的ないしは屈辱的な扱いや罰を受けることからの自由
1、世界至るところ法の下で人として認められる権利
1、効果的な法的救済措置を受ける権利
1、法的根拠のない一方的な逮捕、拘束あるいは追放からの自由
1、独立した公平な法廷による公平な裁判と公開の審理を受ける権利
1、有罪と決定するまでは無罪とみなされる権利
1、プライバシー、家族、家庭、通信に対する不法な干渉からの自由
1、移動と居住の自由
1、亡命の権利
1、国籍を持つ権利
1、結婚して家庭を営む権利
1、財産を所有する権利
1、思想、良心、宗教の自由
1、言論、表現の自由
1、平和的な集会、結社の自由

1、自国の政治に参加する権利、等しく公務に就く権利

宣言の第二の基礎である第22条は、誰もが「社会の一員」として持っている経済的、社会的、文化的権利について述べた。第23条から第27条までの導入部である。第22条は、これらの権利が人間の尊厳と個人の自由な成長に欠くことのできないものであると述べ、「国家的努力と国際的協力を通じて」実現されるべきものであると指摘している。また同時に実現の限界、すなわち各国家の力量による限界も指摘している。

第22条から第27条までに認められている経済的、社会的、文化的権利の中には、社会保障を受ける権利、労働の権利、同等の労働に対して同等の報酬を得る権利、休息と余暇の権利、健康と幸福な暮らしに十分な生活水準を保つ権利、教育を受ける権利、社会の文化的生活に参加する権利などがある。

最後の第28条から第30条までは、宣言に述べられている人権と基本的自由が完全に実現されるような社会的および国際的秩序を享受する資格が、すべての人間にあると認めまた同時に、社会に対して個人が負う義務と責任を強調しています。第29条は、人がその権利及び自由を行

使するにあたり従うべき唯一の制限として、他人の権利と自由に対して当然払うべき認識と尊敬を確保し、民主的社会における道徳、公共の秩序ならびに公衆の福祉の求める義務を果たすことを目的とした法律に定められている制限が挙げられると述べ、さらに、いかなる場合も国連の目的および原則に反して権利と自由を行使してはならないと述べています。第30条は、この宣言の下ではいかなる国家、団体、個人も「宣言に掲げられた権利および自由の破壊を目的とする行為を行う、あるいは活動に参加する」権利を主張することはできない、と警告しています。

3、日本の「捜査法」の無い捜査、「裁判官の独立」の無い裁判との関係

日本の「捜査法」の無い捜査、「裁判官の独立」の無い裁判に関係するのは、上記のうち、5条、6条、7条と10条です。

第5条（非人道的な待遇又は刑罰の禁止）

何人も、拷問又は残虐的な、非人道的なもしくは屈辱的な取扱いもしくは刑罰を受けることはない。

第6条　（法の下に人としての承認）
すべての人は、いかなる場所においても、法の下において、人として認められる権利を有する。
第7条　（法の下における平等）
すべての人は、法の下において平等であり、また、いかなる差別もなしに法の平等な保護を受ける権利を有する。すべての人は、この宣言に違反するいかなる差別に対しても、またそのような差別をそそのかすいかなる行為に対しても、平等な保護を受ける権利を有する。
第10条　（裁判所の公正な審理）
すべての人は、自己の権利及び義務並びに自己に対する刑事責任が決定されるに当って、独立の公平な裁判所による公平な公開の審理を受けることについて完全に平等の権利を有する。

日本の「捜査法」の無い捜査、「裁判官の独立」の無い裁判が民主主義国を主張している日本において、存在しているということになれば、国連上、重大問題に発展することは必至です。
そこで、日本はあらゆる手段を使って、「捜査法」が無い捜査、「裁判官の独立」の無い裁判を隠そうとしています。

その一番端的な例が、日弁連の国際人権宣言の紹介に関してです。

日弁連では「国際人権規約と日本の司法・市民の権利、法廷に活かそう国際人権規約」という本を「こうち書房」から１９９７年６月５日刊行しています。

この本においても、日本における「捜査法」の無い捜査や、「裁判官の独立」の無い裁判は、一切触れられていません。

同書の「刊行によせて」は比較的短文です、全文を紹介することにします。

【刊行によせて】

東西の冷戦構造の終焉にともない、今や世界は、国境を越えて人権擁護の枠組み（パラダイム）の構築する時代に突入している。日本においても、国内における人権侵害に対する国際的視野からの検討が真剣に取り組まれてきている。

日弁連は、基本的人権の擁護を崇高な使命とする弁護士の団体であり、「人権は国境を越えて」というテーマのもとに、世界人権宣言の促進と国際人権〈自由権〉規約、同〈社会権〉規約等の人権諸条約の遵守、実施並びに国際人権〈自由権〉規約選択議定書の早期批准に向けて活動してきた。

１９７９年の国際人権規約発効後、すなわち日弁連は世界人権宣言４０周年にあたる１９８

8年日弁連人権擁護大会（神戸市）において、「日本の人権状況をみるとき、男女平等、内外人平等の原則や、刑事手続きにおける被疑者、被告人等の人権（たとえば代用監獄、接見交通権、保釈手続、少年司法手続）が、国際人権規約に定められた権利が完全に実施されているとはとうてい言いがたい」ので、人権を国際的視野で捉えるために、国際人権規約や人権諸条約により擁護する段階であるとした、いわゆる「神戸人権宣言」が生まれた。

その後、1991年12月はじめに当時の日弁連会長を団長とする代表団がジュネーブを訪れ、国連事務次長兼国連人権センター所長ポカール国際人権〈自由権〉規約委員会議長に面談し、日本の刑事司法に関する報告書を提出している。さらに1993年9月、日弁連は日本の人権状況に関する日本政府第3回政府報告書に対し日弁連カウンターレポートを提出した。同カウンターレポートは代用監獄問題を含む刑事被拘禁者の人権、従軍慰安婦等戦後補償、女性と子どもの人権、外国人の人権、障害者の人権、法律扶助とに及び詳細な内容となっている。これに対し、規約人権委員会は審議の結果、代用監獄の弊害、在日外国人・朝鮮人等に対する差別、婚外子など女性に対する差別、死刑受刑者の処遇等、日弁連がとりあげた問題について広範に指摘し、日本政府に国際人権〈自由件〉規約選択議定書の批准と公判前手続や代用監獄、弁護のための便宜に関するすべての保障が遵守されなければならないと勧告している。

このような成果をふまえ、世界人権宣言50周年を前にして国際人権規約を実務の世界で本格的に活用するとともに個人申立制度の早期の批准実現に向けるために、日弁連は1996年10月、人権擁護大会（別府市）において「法廷に活かそう国際人権規約」シンポジウムを開催したものである。このシンポジウムにおいてわれわれは国際人権規約が民事事件では準備書面に、刑事事件では弁論要旨に、さらに法廷内外の試料としてすぐに活用できるものであり、これを実践しなければならないことを学び確認したといえよう。

このような意味からも、このたびこのシンポジウムの報告書が発刊されたことは、大変意義深い。本書によって日弁連における国際人権の取り組みが、とりわけ、市民に確認され、ひいては人権問題が市民生活の全般にわたって国際的視野から見直される契機ともなるとともに、1日も早く個人申立制度（選択議定書）が日本政府によって批准されることを願うものである。

本書がこの意味で必読の文献として多くの人々に利用されることを期待するものである。

1997年3月

日本弁護士連合会

会長　鬼追　昭夫

次に同書の「はじめに」を紹介します。

【はじめに】

国際人権規約は、人権の尊重・確保をはかる国際的条約の中でも最も代表的な条約であり、日本においても、真の自由と平等を確保するためには、この国際人権規約を実効あるものにしていくことが求められている。しかし、政府は選択議定書を批准しないばかりか、人権規約のいくつかの条文に留保を宣言している。このことは国際人権規約の完全実施の不徹底とともに日本の人権状況に多くの問題をもたらしている。

日本弁護士連合会は、１９６８年に国際人権規約の早期批准の決議を採択して以来、１９７９年の規約発効後、１９８６年人権擁護大会での選択議定書の早期批准決議、１９８８年人権擁護大会における「人権神戸宣言」の採択等、一貫して人権規約の完全実施を求めてきた。

日弁連は、国際人権規約を実効あるものにするため、日々の法廷において人権規約を具体的に活用するとともに、選択議定書を批准することが不可欠であると考えているが、その活用と批准に向けての国民的理解を深めていく運動は十分とは言えない現状がある。

本書は、「人権神戸宣言」以降の日弁連や各弁護士会で行われてきた様々な取り組みや弁護士の法廷における規約の活用の経験など、これまでの実績をかまえ、国際人権規約を法廷に活かすためには、どうしたらよいかをより具体的に示すものとした。また、法廷で容易に活用できるようにするためのマニュアルとしても内容を充実された。

本書は次の五つの柱で構成されている。

Ⅰ　「自由権規約の基礎」

国際人権〈自由権〉規約とは何か。国内法としての効力をもっているか。憲法と自由権規約はどのような関係になるのか。国際人権規約の総論として体系的に理解できる。

Ⅱ　「自由権規約の保障する人権」

規約の保障する人権の内容を条文によって具体化し、その条文がどの様に解釈され活用されているか、解釈・活用されなければならないかを明らかにしている。

Ⅲ　「個人申立制度の実現をめざして」

国際人権〈自由権〉規約の個人申立（選択議定書）制度が何故批准されないのか、その理由について検討を行っている。そして、何がこれをはばんでいるのか、どのようにすれば、早期批准がなされるのかを中心として取り扱っている。

Ⅳ　「広がる国際人権」

国際人権〈自由権〉規約以外にも多くの人権条約がある。主な7つの条約の内容を紹介し、国内法との関係、法廷での活用についても言及している。

V 「資料」

弁護士は、国際人権規約を実務において活用してきたが、裁判所においては敗訴判決が続いた。近時、大阪高等裁判所や東京高等裁判所、徳島地方裁判所、大阪地方裁判所等において、国際人権〈自由権〉規約が活用され、勝訴判決がもたらされている。この勝訴判決の事例が具体的に報告されている。これを読めば、国際人権規約が身近に理解できる。ここから読みはじめてもらってもよい。また、これらの勝訴判決の事例からモデル準備書面が紹介されているので、これを法廷の内外で活用してもらえれば幸いである。

その他、国際人権〈自由権〉規約委員会が採択した「一般的意見」、「見解」や国際人権規約を理解する上で必要な参考文献の紹介など資料として充実させた。

本書が、法律家だけでなく人権に関わる人々はもとより、広く市民に活用されることになれば幸いである。

第39回日弁連人権擁護大会シンポジウム

第1分科会実行委員長　山下潔

4、選択議定書とは何なのでしょうか？

先に日弁連の本の「はじめに」で、日本政府が選択議定書を批准しないことを紹介しました。選択議定書とは、国際人権〈自由権〉規約に附属する文書のことで、規約とは別に批准します。第1選択議定書は、規約上の権利を侵害された個人が、国際人権〈自由権〉規約委員会に救済申立ができることを規定しています。第2選択議定書は死刑を禁ずるもので、死刑廃止条約とも呼ばれている。日本は国際人権〈自由権〉規約の批准はしたが、選択議定書については、第1選択議定書、第2選択議定書とも批准していません。

なぜ、日本政府は選択議定書を批准しないのでしょうか？「捜査法」の無い捜査、「裁判官の独立」の無い裁判をしていて、選択議定書を批准すれば、規約上の権利を侵害されたと訴える個人が国際人権（自由権）規約委員会に救済申立ができることは明らかです。

5、日本の現状は、「捜査法」の無い捜査、「裁判官の独立」の無い裁判

日本の現状は、「捜査法」の無い捜査、「裁判官の独立」の無い裁判です。そして「捜査法」の無いことを利用して、捜査機関において真犯人である政府関係者を逃がして、無辜の第三者

を犯人に仕立てあげたのが、「和歌山カレー事件」です。

このような「和歌山カレー事件」を秘匿することが、選択議定書の批准拒否の理由にはならないことは明白です。


「和歌山カレー事件」は世界人権宣言に真っ向から反する事件です。


「和歌山カレー事件」の被告人も、さっそく選択議定書を使って、国際人権規約委員会に救済申立をすることになるでしょう。

ところが、日本国政府は、選択議定書に批准していないので、それが出来ません。

このような重大問題を、選択議定書を批准していないの一事で、個人の訴えができないということになっても良いものでしょうか。

選択議定書の批准の問題は、世界人権宣言違反の犯罪を隠すことになるのではありません。見解の相違の問題だけが、選択議定書の批准の有無を決める要因なのです。

「和歌山カレー事件」のように、民主主義国を標榜しながら、「捜査法」も無く、「裁判官の独立」も無く、真の犯人が政府関係機関者であることが解っていながら、捜査機関において意図的に真犯人を逃がして、無辜の第三者を犯人に仕立て上げる、捜査機関における犯罪を隠すことが選択議定書の批准の問題ではありません。

「和歌山カレー事件」は世界人権宣言そのものの否定なのです。

従って、選択議定書を批准していなくても、国連に個人として訴えることが出来なくては、「和歌山カレー事件」のように、明らかに世界人権宣言を否定する犯罪行為を行っている国に対して制裁を加えることは不可能です。

「捜査法」が無く、「裁判官の独立」が無いことを良いことに、捜査機関において、政府関係者機関の真犯人を逃がして、無辜の第三者を犯人に仕立て上げる「和歌山カレー事件」は、選択議定書の批准が無くても、個人として訴えることが出来る理由を、以下の第1章〜第4章で論証したいと思います。

ここまで不正が行われているのに、これを無視することは、世界人権宣言を有名無実にするものに外なりません。

6、第一選択議定書を詳しく見てみましょう。

さらに、このような観点から、第一選択議定書を詳しく見てみましょう。国際連合広報局著「国際連合の基礎知識　第42版」という本があります（関西学院大学出版会　2018年10月31日刊）の352頁、353頁です。

「市民的、政治的権利に関する国際規約」とその第一選択議定書はともに1976年に発効した、2016年12月31日現在で、規約の締約国数は168ヶ国である。第二選択議定書は1989年に採択された。

規約は移動の自由、法の前の平等、公正な裁判と無実と推定される権利、思想および良心と宗教の自由、意見と表現の自由」平和的な集会、結社の自由、公務および選挙への参加、少数民族の権利の保護などを規定している。また恣意的な生命の剥奪、拷問および残虐な品位を傷つけるような取り扱いおよび刑罰、奴隷と強制労働、恣意的逮捕もしくは抑留および私生活への恣意的干渉、戦争の宣伝、人権的もしくは宗教的憎悪の唱道を禁止している。

規約には二つの選択議定書がある。「第一選択議定書、1966年」は、規約に規定される権利を侵害されたと主張する個人に請願の権利を与えている。2016年12月31日現在の締約国数は１１５ヶ国であった。「第二選択議定書」は、死刑廃止の実質的義務を確立したので、２０１６年１２月３１日現在、加入国の数は８３ヶ国であった。

国際人権規約は１８人の委員で構成する人権委員会を設置した。規約人権委員会は、規約の規定を実施するために採った措置について締約国が定期的に提出する報告を審議する。第一選択議定書の締約国については、規約人権委員会は、規約に規定される権利が侵害されたと主張する個人からの通報を審議する。個人からの通報は非公開の会合で審議される。個人からの書簡およびその他の文書は秘密扱いである。しかし、委員会の審議結果は公表され、委員会は総会宛て年次報告の中に記載される。委員会はまた、テーマ別の問題について「一般的意見」として知られる評釈を発行している。

7、「第一議選択定書」に代わる方法はないのか

ありませす。それは、慣習を根拠とする人権委員会に対する請願権です。この点は、本書「はじめに」で詳論しましたので、それをご覧ください。

以上でも明らかなように、人権宣言自体が「恣意的な生命の剥奪、奴隷と強制労働、恣意的逮捕もしくは抑留および私生活への恣意的干渉、戦争の宣伝、人権もしくは宗教的憎悪の唱道を禁止している。」のです。

これによれば、第一選択議定書の批准とは別に、「人権宣言」自身で、「和歌山カレー事件」は救済されるべきである、ということになります。

以下の第1～4章で「和歌山カレー事件」が恣意的な最も残虐な刑罰であることを論証することにします。

第1章　これでも死刑判決と言えるのか、原判決の特異性

第1、原判決の特異なスタイルとその理由

原判決は死亡事件の判決として当然あるべき死因の直接の証拠がありません。本来は、当然無罪とすべきを有罪で、それも死刑の結論をします。そのため、通常の判決スタイルでは、死因が無いことがバレバレになります。それを避けるための特別のテクニックを使った判決書にする必要がありました。

通常、判決書は「罪となる事実」で犯罪事実を書きます。そして「証拠標目」で犯罪事実を認定できる証拠を掲げます。「罪となるべき事実」「証拠の標目」は判決書を読んだ人に、被告人が犯した犯罪を理解し易いように、解りやすく書いています。ところが、判決書で「証拠標目」と解りやすく書きますと、死因の証拠が無いことがバレバレになってしまいます。そこで通常、判決書は読む人が理解し易く書きますが、この判決は通常とは大いに異なる態様を採ります。

皆さんは、原判決がどのような態様を採ったとお思いになりますか。通常は判決書を読む人

が理解し易いように「証拠の標目」に犯行態様、動機、死因と言った小見出しを付けて読む人の理解の便宜に備えます。ところが原判決は、これとは全く逆の、判決を読んでも容易に理解できないように殊更判りにくく書くのです。

原判決、「証拠の標目」16頁半ばに死体検案書４通（甲９６４、甲９６６、甲９６８、甲９７０）というベタ記載があります。これを見ただけでは、何のことか解らないでしょう。これは、正規の死体検案書ではなく、平成10年10月７日に新たに作成した死体検案書の（甲９６４ 谷中、９６６ 田中、９６８ 林、９７０ 鳥居）の死体検案書です。仮に、判決読者に、「４人の死因の証拠が無い」と主張されれば、「証拠の標目16頁半ばの死体検案書４通（甲９６４、甲９６６、甲９６８、甲９７０）にちゃんと書いてある」と示す方法が取られるのです。

しかし、一見して何の記載かは解りません。このようにあえて解り難い判決の記載にして、正規の死因の証拠の不存在を見抜かれないようにしているのです。

元木賢三〔甲１０６９〕，廣川佳織〔甲１０７０〕，南弘一〔甲１０７２〕，湯田啓之〔甲１０７４〕，岩﨑安博〔甲１０７５〕，辻村仁志〔甲１０７６〕，畑村育次〔甲１０７７〕，角門真二〔甲１０７８〕，若﨑久生〔甲１０７９〕，毎原敏郎〔７通，甲１０８２，甲１０９０，甲１０９１，甲１０９４，甲１０９６，甲１０９７，甲１１１４〕，沖本芳春〔甲１０８３〕，杉本卓也〔甲１０８５〕，松山健次〔甲１０９２〕，瀬藤米蔵〔甲１０９３〕，安冨素子〔甲１０９８〕，稲田雅宏〔甲１０９９〕，小牧克守〔甲１１０１〕，宇都宮宗久〔甲１１０２〕，大河内則仁〔２通，甲１１０３，甲１１０４〕，岡田守弘〔甲１１０５〕，宗正敏〔甲１１０６〕，坂本浩一〔甲１１０８〕，柳川卓弥〔甲１１０９〕，林直樹〔甲１１１０〕，西本行夫〔甲１１１１〕，宮田眞弓〔甲１１１３〕，村口建生〔甲１２０１〕，谷中千鶴子〔甲１２２２〕，南方孝明〔甲１２５２〕，永井尚子〔甲１３２１〕及び森田武良〔甲１６１６〕の各警察官調書

・検証調書〔職1-1〕

・実況見分調書５通〔甲１２００，甲１２３６，甲１２４８，甲１３２６，甲１６２０〕

・死体検案書４通〔甲９６４，甲９６６，甲９６８，甲９７０〕

・捜査報告書３７通〔甲７４６，甲７４７，甲７５９，甲９３２，甲９６３，甲１１２０，甲１１２１，甲１２０２，甲１２０５，甲１２０８，甲１２２０，甲１２２３，甲１２２５，甲１２２６，甲１２２８，甲１２３７，甲１２４２，甲１２６９，甲１２７０，甲１２７５ないし甲１２８１，甲１３０８，甲１３１３，甲１３１４，甲１３１８，甲１３２４，甲１４４２，甲１５７１，甲１５７６，甲１６１８（不同意部分を除く。），甲１６３３，甲１６３７〕及び同謄本５通〔甲１１７５，甲１１７８，甲１１８１，甲１１８４，甲１１８７〕

・写真撮影報告書１８通〔甲９６５，甲９６７，甲９６９，甲９７１，甲１１５３，甲１１６１，甲１１７３，甲１１９０，甲１１９７，甲１２１８，甲１２１９，甲１２２７，甲１２７１，甲１３０６，甲１３０９，甲１３１１，甲１

第2、不都合な事実を隠すため…

原判決は不都合な事実を隠すため、刑事訴訟法に則った正規の適法、適正な証拠調べ手順をしません。

正規の平成10年7月26日、27日の死体検案書を証拠として裁判に提出せず、平成10年10月7日に新たに作った死体検案書を証拠として提出します。ところがこの新たな死体検案書は、平成10年8月10日付の司法警察員の捜査報告書に添付されています。

なに！なに！

10月7日付作成の死体検案書が、作成より2ヶ月も前の8月10日付の捜査報告書に添付、これは絶対にあり得ない事実です。そこで裁判所は、適法、適正な証拠調べ方法、朗読（刑訴法３０５条）、要旨の告知（刑訴規則２０３条の２）をせず、不適法な証拠調べで終り、判決書の証拠の標目には、捜査報告書を除外して、内味の死体検案書を証拠として提出します。

新たな死体検案書の作成日をめぐる問題は、適法な証拠調べをしない事でクリアーできました。

ところが、適法な証拠調べをしないことが、裏目に出る重要な事態が発生するのです。
証拠標目15頁～16頁にかけて記載された、カレーを食べて異常を発生した各患者を担当している医師島田博（検甲１０４１）、辻本登志英（１０６３）、小牧克守（１１０１）の各員面調書に、いずれも添付された平成10年10月27日付和歌山県警本部捜査一課加門仁の捜査報告書にカレーを食べた67名の一覧表が添付されており、それにはいずれも砒素とシアンの各症状が記載されています。特に死亡した小４男児はシアンの含有量が大で、シアンで死亡したことが明白です。

これは、適法な証拠調べがなされておれば、判決書作成以前に明らかになった事実です。これが判決書に掲げられることはありません。裁判所の怠慢が、結果的には被告人に幸いしました。平成10年10月27日付の加門仁の捜査報告書及び一覧表を添付しておきます。

平成一〇年一〇月二七日

和歌山東警察署派遣

和歌山県警察本部刑事部捜査第一課

司法警察員

警部　加門　仁㊞

和歌山東警察署長

警視正　吉田　幸三郎　殿

被害者資料鑑定結果一覧表の作成について

本年七月二五日の夕刻、

和歌山市園部一〇〇一番地の四

賀川　司方西側空地

で開催された、園部第一四自治会主催の夏祭り会場で販売されたカレーに何者かが、毒物である砒素を混入させ、これを食べた祭の主催者、参加者のうち

一覧表　和歌山県警察

四名が死亡、六三名が入院

するという殺人並びに殺人未遂事件が発生したのであるが、これら被害者について

解剖時に採取した心臓血、胃内容物

入院先の病院で採取した血液、血清

嘔吐した吐物、排泄した尿

等について、

和歌山県警察科学捜査研究所

警察庁科学警察研究所

兵庫県警察科学捜査研究所

大阪市立大学医学部環境衛生学教室

へ依頼して、砒素等の薬物鑑定をした結果（一〇月二六日現在）は、別表のとおりであるから報告する。

被害者（　）資料鑑定結果表　　　　平成１０年１０月２０日現在 NO 1

番号	被害者	資料名	採取状況等 日時	場所	採取者	鑑定嘱託日	鑑定結果 和歌山（科捜研） シアン	和歌山（科捜研） ヒ素	東京（科警研） シアン	東京（科警研） ヒ素	兵庫 ヒ素	大阪大 ヒ素	備考
1	谷中 孝寿	心臓血液	7/26	和医大	青野	7/26			5.3ppb	2.04ppm			
		胸腔内血液（右）	7/26	和医大	中村	7/26			1.7ppb				
		胸腔内血液（左）							17.6ppb				
		胃内容物（吸引液）	7/26	誠佑	永井	7/26				315.7ppm			
		胃内容物（解剖）	7/26	和医大	中村	7/26			7.9ppb	400ppm			
2	田中 孝昭	心臓血液	7/27	和医大	桑野	7/27			6.4ppb	1.11ppm			
		吐物	7/26	中江	倉本	7/26				1132ppm			
		胃内容物	7/27	和医大	中村	7/27			7.7ppb	137.3ppm			
3	林 大貴	心臓血液	7/27	和医大	青野	7/27			1.6ppb	1.44ppm			
		胃内容物	7/27	和医大	中村	7/27			検出限界 1.98ppb	0.35ppm			
4	鳥居 幸	心臓血液	7/27	和医大	青野	7/27			0.8ppb	0.63ppm			
		吐物	7/26	日赤	加藤	7/26			6.5ppb	0.36ppm			
		胃内容物	7/27	和医大	中村	7/27			2.4ppb	0.25ppm			

NO 2

番号	被害者	資料名	採取状況等 日時	場所	採取者	鑑定嘱託日	鑑定結果 和歌山（科捜研） シアン	和歌山（科捜研） ヒ素	東京（科警研） シアン	東京（科警研） ヒ素	兵庫 ヒ素	大阪大 ヒ素	備考
5	平地 美妃	吐物	7/28	日赤	倉増	7/28			3.5ppb			128.8ppb	
		尿										検査中	
6	平地 健	吐物	7/29	和医大	伊藤	7/29			2.0ppb		10000ppb		
		尿										検査中	
7	小山 英範	吐物	7/26	日赤	加藤	7/26			2.3ppb		70000ppb		
		尿	7/27			7/27						検査中	
8	南部 美佳	吐物	7/26	日赤	加藤	7/26			1ppb 以下		30000ppb		
		血清										58.4ppb	
9	寅城 紗貴	吐物	7/26	日赤	加藤	7/26			3.4ppb			177.4ppb	
		血清	7/27	日赤	市谷	7/27	2ppb 以下						
		尿										検査中	
10	松川 望也	吐物	7/26	日赤	加藤	7/26			2.4ppb		2000ppb		
		尿										検査中	
11	森口 真由	吐物	7/26	日赤	加藤	7/26			1ppb 以下			47.12ppb	
		尿				7/27						検査中	
12	森口 秀行	吐物	7/29	日赤	市谷	7/29			1.3ppb		40000ppb		
		血清	7/31	医大	永井	7/31			1ppb 以下				
		毛髪										予定	
13	畑 伸彦	尿	7/31	日赤	小松	8/1	2ppb 以下					1630ppb	
14	中尾亜樹子	吐物	7/27	加藤	市谷	7/23			8.0ppb			58ppb	
		血清										402.1ppb	

19892

NO 3

番号	被害者	資料名	採取状況等				鑑定結果						備考
							和歌山（科捜研）		東京（科警研）		兵庫	大市大	
			月日	場所	[illegible]	[illegible]	シアン	ヒ素	シアン	ヒ素	ヒ素	ヒ素	
15	社 康裕	吐物	7/29	誠佑	出口	7/29	6.5ppb		2.4ppb			140.2ppb	
		尿										検査中	
16	城 昭一	吐物	7/29	誠佑	出口	7/29	2ppb以下		2.7ppb			1499ppb	
		尿										検査中	
17	久保 永栄	吐物	7/29	誠佑	出口	7/29	2ppb以下		1ppb以下			351ppb	
		尿										検査中	
18	石田 鈴美	吐物	7/29	誠佑	出口	7/29	11.2ppb		2.5ppb			386.8ppb	
		尿										検査中	
19	賀川 恵	吐物	7/29	誠佑	出口	7/29			2.4ppb			210.4ppb	
		尿										検査中	
20	大島 精正	吐物	7/29	誠佑	出口	7/29			8.6ppb			59.78ppb	
		尿										検査中	
21	南 美由紀	吐物	7/26	向陽	浜	7/26			1.5ppb			458.8ppb	
		血清	7/26	医大	永井	7/31	2ppb以下					99.6ppb	
22	南 さゆり	吐物	7/26	自宅	小南	7/26			2.0ppb		360000ppb		
		血清	7/31	医大	永井	7/31	2ppb以下					111.7ppb	
23	広井 廣夫	吐物	7/26	今村	野保	7/26			4.7ppb		40000ppb		
		血清	7/31	医大	永井	7/31			1ppb以下			144.9ppb	
24	荒木 俊夫	吐物	7/27	中谷	平沼	7/27			1ppb以下		180000ppb		
		尿										検査中	
25	槇山 育子	吐物	7/26	自宅	浜	7/26			7.8ppb		720000ppb		
		血清	7/31	医大	永井	7/31	2ppb以下					155.4ppb	

NO 4

番号	被害者	資料名	採取状況等				鑑定結果						備考
							和歌山（科捜研）		東京（科警研）		兵庫	大市大	
			月日	場所	[illegible]	[illegible]	シアン	ヒ素	シアン	ヒ素	ヒ素	ヒ素	
26	槇山 隆能	吐物	7/26	自宅	平岡	7/26	2ppb以下		2.6ppb		30000ppb		
		毛髪										予定	
27	畑井 良子	吐物	7/27	[illegible]	柏	7/27	6.1ppb		14.3ppb		60000ppb		
		毛髪										予定	
28	前田 信雄	吐物	7/26	[illegible]	大塚	7/26			2.5ppb		20000ppb		
		毛髪										予定	
29	大西 久治	吐物	7/26	自宅	浜	7/26			2.8ppb		5000ppb		
		毛髪										予定	
30	松山 智子	尿	8/1	自宅	川崎	8/1	2ppb以下					4430ppb	
31	松山 勝香	尿	8/1	自宅	川崎	8/1	2ppb以下					1620ppb	
32	中尻沙有美	尿	7/31	自宅	双藤	8/1	2ppb以下					455ppb	
33	中原 力衆	尿	8/4	双藤	畑村	8/4	2ppb以下					101ppb	
34	久保 里美	尿	7/29	誠佑	出口	7/29	2ppb以下					3843ppb	
35	西前 美加	尿	7/31	宇都宮	倉橋	8/1	2ppb以下					851ppb	
36	畑井 裕也	尿	7/31	生協	倉橋	8/1	2ppb以下					662ppb	
37	松山イサ子	血液	7/26	日赤	畑村	7/26	3.2ppb					344.8ppb	
38	松山 雄也	血液	7/26	日赤	畑村	7/26	6.5ppb					238.9ppb	

NO 5

番号	被害者	資料名	採取状況等				鑑定結果						備考
							和歌山（科捜研）		東京（科警研）		兵庫	大市大	
			日時	場所	採取者	鑑定嘱託	シアン	ヒ素	シアン	ヒ素	ヒ素	ヒ素	
39	西川 美仁	血液	7/26	日赤	畑村	7/26	2.1ppb					381.5ppb	
40	杉谷 紀子	血液	7/26	日赤	畑村	7/26	2ppb以下					224.2ppb	
41	中筋 久彰	血液	7/27	日赤	中谷	7/27	5.0ppb					183.0ppb	
42	林 真歩	血液	7/26	日赤	畑村	7/26	2ppb以下					295.0ppb	
43	色川 拓海	血液	7/27	日赤	中谷	7/27	2ppb以下					118.1ppb	
44	寺本 真規	血液	7/29	和医大	伊藤	7/29						373.5ppb	
		うがい液							1ppb以下				
45	平治 巧昌	血液	7/31	和医大	倉橋	7/31			1ppb以下			285.2ppb	
46	平治 玉雄	血清	7/31	和医大	倉橋	7/31	2ppb以下					86.4ppb	
47	小山名都子	血清	7/30	日赤	瀬藤	7/30	2ppb以下					169.7ppm	
48	南部 典男	血清	7/30	日赤	瀬藤	7/30	3.1ppb					123.1ppb	
49	生川みさえ	血清	7/31	日赤	瀬藤	7/31	2ppb以下					73.9ppb	
50	西野 剛志	血清	7/31	前田	畑村	7/31	2ppb以下					32.1ppb	
51	有本 拓実	血液	7/31	和医大	倉橋	7/31			1.2ppb			272.4ppb	
52	有本 恭行	血清	7/31	和医大	倉橋	7/31	2ppb以下					149.1ppb	

NO 6

番号	被害者	資料名	採取状況等				鑑定結果						備考
							和歌山（科捜研）		東京（科警研）		兵庫	大市大	
			日時	場所	採取者	鑑定嘱託	シアン	ヒ素	シアン	ヒ素	ヒ素	ヒ素	
53	滝口 タケヨ	血清	7/31	村田	船	7/31	2ppb以下					47.9ppb	
54	久下真理恵	血清	7/31	和医大	永井	7/31	2ppb以下					212.5ppb	
55	酒井美見子	血清	7/31	和医大	永井	7/31	2ppb以下					330.6ppb	
56	黒木 正代	血清	7/31	和医大	永井	7/31	2ppb以下					118.7ppb	
57	福谷 弥生	血清	7/31	和医大	倉橋	7/31			2.6ppb			115.6ppb	
58	島本 幹二	血清	7/31	和医大	倉橋	7/31			9.7ppb			93.8ppb	
59	塩崎 麻衣	血清	7/31	和医大	倉橋	7/31	2ppb以下					100.4ppb	
60	福畑 沙織	血清	7/31	和医大	永井	7/31	2ppb以下					205.9ppb	
61	福田 貴紀	血清	7/31	和医大	永井	7/31	2ppb以下					376.8ppb	
62	大島みゆき	血清	7/30	生協	永井	7/30	2ppb以下					53.2ppb	
63	大島 正人	血清	7/30	生協	永井	7/30	2.5ppb					83.7ppb	
64	谷川 隆志	血清	7/30	生協	永井	7/30	2ppb以下					150.3ppb	
65	中山 靖吉	血清	7/30	生協	永井	7/30	2.8ppb					155.3ppb	
66	島本 幸一	血清	7/31	村田	畑村	7/31							

9894

NO 8

番号	被害者	資料名	採取状況等				鑑定結果						備考
			日時	場所	採取者	鑑定依頼日	和歌山（科捜研）		東京（科警研）		兵庫	大市大	
							シアン	ヒ素	シアン	ヒ素	ヒ素	ヒ素	
53	滝口 タケヨ	血清	7/31	前田	杉	7/31	2ppb 以下					47.9ppb	
54	久下真理恵	血清	7/31	和医大	永井	7/31	2ppb 以下					212.5ppb	
55	浦井裕見子	血清	7/31	和医大	永井	7/31	2ppb 以下					330.6ppb	
56	荒木 正代	血清	7/31	和医大	永井	7/31	2ppb 以下					318.7ppb	
57	杉谷 孫治	血清	7/31	和医大	倉橋	7/31			2.6ppb			115.6 ppb	
58	鈴木 幹二	血清	7/31	和医大	倉橋	7/31			9.7ppb			91.8ppb	
59	岩崎 麻衣	血清	7/31	和医大	倉橋	7/31	2ppb 以下					100.4ppb	
60	福岡 沙織	血清	7/31	和医大	永井	7/31	2ppb 以下					205.9ppb	
61	増岡 真紀	血清	7/31	和医大	永井	7/31	2ppb 以下					376.8ppb	
62	大島みゆき	血清	7/30	生協	永井	7/30	2ppb 以下					55.2ppb	
63	大島 正人	血清	7/30	生協	永井	7/30	2.5ppb					83.7ppb	
64	西川 雄也	血清	7/30	生協	永井	7/30	2ppb 以下					156.3ppb	
65	中山 好吉	血清	7/30	生協	永井	7/30	2.8ppb					255.3ppb	
66	島本 平一	血清	7/31	前田	畑村	7/31	4.6ppb					100ppb	
67	松裏 博敏	血清	7/31	前田	畑村	7/31			8.5ppb			67.3ppb	

第2章　誤判の極み

これでも死刑判決と言えるのか

第1、死因の立証のない判決

1、楽しい夏祭りが殺人の修羅場に

平成10年7月25日午後6時、和歌山市園部地域で夏祭りが開かれた。来場者にカレーライスが提供された。カレーを食べた67名が直ちに体の異変を起こし、下痢や嘔吐をし、救急車で病院に運ばれた。夏祭りが一瞬にして修羅場と化しました。

カレーを食べた67名中、4名が死亡。
自治会長は、平成10年7月26日午前3時3分に死亡。
副会長は、同日午前7時35分に死亡。
小学4年生男児は、同日午前7時56分に死亡。
高校1年生女子は、同日午前10時16分に死亡。

2、死体解剖

和歌山市丸の内27番地　和歌山県立医科大学法医学教室解剖室において、自治会長は、7月

26日、その他の3人は7月27日に執刀医和歌山県立医科大学法医学教室教授辻力によって正規に解剖されました（和歌山市園部における毒物混入事件捜査概要、以下「捜査概要」と略称。16頁）。

3、青酸化合物殺人の発生とマスコミは1ヶ月近く沸く

解剖結果、警察発表ということで、平成10年7月27日以降、約1ヶ月間、青酸化合物殺人として、マスコミは全国的に大騒ぎとなりました。8月2日頃からは、青酸化合物を砒素による殺人等の事件と変更され、さらに8月10日頃からは、青酸化合物の点が消え、砒素による殺人が強調され、8月25日頃からは、それに保険金詐欺問題が加わったマスコミ報道が続きます。

4、解剖結果は、死因の最重要証拠といえる

外表の検査と真の死因の誤審率は、ベテランの医師においても、40％近くあると言われています。死因の真実は、解剖しないと解らない（『死体からのメッセージ』押田茂實外著、万代宝書房22頁〜23頁）といわれています。

ところが、１９９９年平成10年12月29日起訴の「和歌山カレー事件」の刑事裁判において、この４通の解剖結果はいずれも４人の死亡の死因の証拠として提出されていません。従って２００２年、平成14年12月11日の判決においても解剖結果は証拠とされていません。

5、死因の証拠として提出されていない解剖結果等の3書面

問題はこれからです。7月26日、27日に死亡した４人は全員解剖されているのに、裁判には死亡した４人の死因の直接の証拠として解剖結果、医師の死亡診断書、死体検案書が一切提出されていない。さらに問題なのは、裁判所は、解剖結果等の提出命令も出していないし、弁護人も解剖結果等の提出命令の申請をしていないのです。

死亡した谷中孝壽、田中孝昭、林大貴、鳥居幸はいずれも医師の診療中に、平成10年7月26日、医師の面前で死亡し、谷中は死亡当日の26日に、その他の3人は27日に解剖され、青酸化合物を死因とする警察発表が報道を通じてなされていることから、解剖結果、死亡診断書、死体検案書のいずれも死因を青酸化合物としていると強く推測されます。原判決では、砒素を死因としているため、検察官はおそらく裁判の証拠として提出しなかったと推察されます。その

結果、死刑という重大裁判であるにもかかわらず、死亡者４人の死因を直接立証する証拠が全くない特異な死刑判決となっているのです。

死因の直接証拠を追求していくと、青酸化合物が死因であることに行きつくのです。例えば林眞須美が青酸化合物をカレーに混入したことを認める証拠は存在しないから、これは第三者の犯行である、ということになるのです。即ち、真の死因の追求をおこなうことは第三者の犯行に行きつき、この点からも林眞須美は無罪となるのです。

「和歌山カレー事件」の争点は一般的な殺人事件がそうであるように（一）犯行態様、（二）動機、（三）死因であるはずが、検察、弁護士、裁判所、学者のいずれも（一）と（二）に、要するに膨大な状況証拠のみに集中しています。これは真の死因に触れるのを避けるためと強く推察されます。死因に注意が集まらないようにするのがこの事件の中心点です。

6、原判決も死因の立証が無い、おかしな判決であることに気がついています

そのため判決書の「罪となる事実、の証拠の標目に通常の判決のように小見出し、例えば「死因の証拠というように判決書を読む人が読み易い判決書にしますと、死因の立証が無いことが

バレバレになってしまいます。そこで原判決は、判決書を書く目的が国民に判決内容を理解し易いものとするのを判決書を読む人が一覧しても何の事か解らない、いわゆるベタ記載にして、ページ一面、要件と小見出しもなく書き連ねて、非常に解りにくいものにしました。(このことは先に論じています。)

このような方向違いの努力をするのではなく、正当な努力、つまり、解剖結果等の提出を求めるのが、裁判所のあるべき審理の方向です。原審は裁判所として、あるべき審理の方向を間違えているとしか、いいようがありません。

なぜ、裁判所があるべき審理をしないのか。これは、**裁判官が独立していないからです**(後に詳論します)。

第2、死因の代替証拠は、犯罪文書で証拠の能力はゼロ

1、死因の代替証拠2つ

検察官提出の死因の代替証拠は2種類あります。いずれも証拠能力、証明力はありません。

それ以前に、同証拠は以下に示すような虚偽公文書作成罪、殺人蔵匿罪、証拠隠滅罪の犯罪類似文書で、裁判に提出すべき文書ではありません。

(1) 平成10年10月7日付新たな死体検案書（1つ目の代替文書）

同書面は、検案者発行年月日、平成10年10月7日付の死亡した4人についての新たな死体検案書4通（甲964、甲966、甲968、甲970）（以下、「代替証拠1」という）です。

詳細は後で述べますが、結論の概要のみを指摘すると、これらは①作成年月日が虚偽の文書である。②内容的にも虚偽公文書である。③即ち、医師法20条、21条1項違反の公文書である。④元の解剖結果、死亡診断書、死体検案書の死因の変更、修正、訂正をせず、新たな死体検案書を作成することは、変更、修正、訂正届をすべきとする義務違反で無効です。

(2) 4人の医師の検察官に対する供述調書4通（2つ目の代替証拠）

同書面は、死亡者4人を診察した4人の医師の平成10年12月24日付、28日付、29日付（2通）の検察官に対する供述調書4通（甲972〜975）（以下「代替証拠2」）です。

これらの供述調書の実際は以下の通りです。

(1) 平成10年10月7日付死体検案書

→ 虚偽公文書(刑法156条)で裁判に提出されるべき証拠ではない

死亡した際に作成された平成10年7月27･28日付死体検案書は？
内容変更の場合は、修正届を提出の上で修正しなければならない。

(2) 4人の医師の検察官に対する供述調書4通

「砒素含有量」と題する書面を見せられて供述している。
単なる医師としての意見書に過ぎない。

①辻以外の３人の医者は「砒素含有量、と題する書面を見せられ、供述しているが、この書面の作成者、作成年月日、作成目的、まただれから血液等をどの様な方法で採取したかなどの採取方法、採取場所等がいずれも不明で、信用できない文書です。

②「砒素含有量」と題する書面を見ただけの供述調書は単なる医師としての意見書にすぎません。

③新たな死体検案書をやむを得ず提出するとすれば、元の解剖結果、死亡診断書、死体検案書の変更、修正、訂正をすべき事実が判明した場合であり、そういった理由もなく新たな死体検案書を作成すれば、変更修正、訂正届を提出すべきとする法的義務違反となり、書面自体無効です。

④辻の供述証書は虚偽公文書に該当すること、少

なくとも元の解剖結果、死亡診断書、死体検案書の死因を変更、修正、訂正をすべきで、それをしないで新たな供述調書を作成することは、無効です。

以上の通り、結論の概要のみ指摘しましたが、死因について、検察官が提出する代替証拠1及び2は、証拠能力、証明力が無く無効です。それ以前に虚偽公文書（刑法156条、懲役1年以上10年以下）で裁判に提出されるべき証拠ではあり得ません。

2、代替証拠1の問題点

代替証拠1の「新たな死体検案書」には大きな問題点があります。

ア、新たな死体検案書とは、平成10年10月7日作成の4通の死体検案書であり、これらはいずれも平成10年10月7日作成の4通の死体検案書であり、これらはいずれも平成10年8月10日の捜査報告書に添付されているものです（甲964、甲966、甲968、甲970）。

そもそも、平成10年8月10日付の捜査報告書に、どうして平成10年10月7日作成の死体検案書が添付できるのか？ この点は、適法な証拠調べをせず、捜査報告書をはずして、味内の新たな死体検案書のみを証拠とすることで、裁判所が逃げたことは先に論述しました。

イ、平成10年10月7日には、医師辻力は死体を検案していません。同年7月26日、27日に解剖済みです。検案をせずに検案書を作成したということは、医師法20条違反の公文書となります。

ウ、検案日7月26日、27日の検案について、10月7日、つまり2ヶ月半後に、死体検案書を作成したということは、新たな文書を作成したということになります。というのも、「検案後直ちに、検案書を作成しなければならない」というのは、医師法24条1項に定められていることであり、2ヶ月半後に作成された文書は、この法律に違反した公文書です。

エ、実際に、解剖が行われた7月26日、27日付で死体検案書があるはずです。しかし検察は、これを証拠として提出したくないため、10月7日に新たな死体検案書を作ったと推察されます。そうすると、先に作った7月26日付、27日付の死体検案書と10月7日付の新たな死体検案書

平成10年10月7日付死体検案書 ← 無効

- 平成10年8月10日の捜査報告書に添付
  →8月10日付捜査報告書にどうして、平成10年10月7日作成の死体検案書が添付できるのか？
- 平成10年10月7日には医師辻 力は死体を検案していない。
  →7月26日、27日に解剖済み
- 死体検案書等の変更、修正、訂正をした場合、厚生労働省、市町村窓口に医師は届出義務がある。

のどちらの内容を優先するのかという優劣問題が生じます。

解剖結果、死亡診断書、死体検案書は医療行政、薬物行政、犯罪捜査、死亡統計、個人動態調査等広範囲の行政に関連しています。そこにこのように同一の死亡について、新旧の複数の死体検案書等が作成され、そのどちらを優先すべきかといった問題が生じると行政は混乱します。このような混乱を避けるため、複数の検案書等が存在しないよう法制度が整えられています。

即ち、死体検案書等の変更、修正、訂正をした場合、医師は厚生労働省、市町村窓口に提出の義務がある（『NEW エッセンシャル法医学』医歯薬出版（株）534頁。『死体検案ハンドブック』3訂版的場、近藤編集（株）金芳堂315頁）。複数の死体検案書を作成することなく、元の死体検案書の変更、修正、訂正の方法を採って、複数の検案書等の優劣問題どころか、その存在そのものの発生をさけているのです。

　このことを検察官が知らない訳はありません。従って新たな死体検案書４通はいずれも無効です。

3、代替証拠2の問題点

　次に示したいのは、医師４人の検面調書、甲９７２、甲９７３、甲９７４、甲９７５における問題点です。
ア、「砒素含有量」と題する書面の問題点
　同検面調書の内、医師４人の内、辻力以外の３人、上野雄二（甲９７３）、粉川庸三（甲９７４）、榎本茂樹（甲９７５）は、いずれも「砒素含有量」と題する書面を見せられて、「この通りなら被害者は砒素で死亡したでしょう、と証言したという。この「砒素含有量」と題する書面は次頁の画像の通りです。

　ところが、書面は誰が、いつ、何の目的で、誰から、何を採取して作った一覧表なのかが解けていないのです。

砒素含有量

単位：μg／g（ppm）

検体	血液	胃内容物	肝臓	左腎臓
正常人の平均値 ()は、上下限	0.007 (0.001-0.016)		0.181 (0-0.40)	0.142 (0-0.30)
砒素中毒による死亡例の平均値 ()は、上下限	3.3 (0.6-9.3)		29 (2.0-120)	15 (0.2-70)
谷中孝壽	1.2	109	20.4	8.3
田中孝昭	1.6	36.6	14.6	6.0
林大貴	0.7	0.6	11.6	4.6
鳥居幸	1.1	0.6	12.7	5.6

死亡した４人の解剖結果が、死亡診断書は死体検案書の作成に役立てられなかったのはどういう理由なのか。また、その解剖結果がありながら、死亡診断書や死体検案書の死因の変更、修正、訂正が行われなかったのはなぜか。さらには、この「砒素含有量」と題する書面が、正当に作成され、信用力があり、証拠能力にも、証明力にも問題が無い書面であるなら、これを有力な証拠の１つとして、死亡した４人の死因の鑑定に役立てることが出来るはずです。それなのに、正式に証拠として採用しないのです。

イ、検面調書の問題点

「砒素含有量」と題する書面を見ただけで、死亡した自分が診察者の死亡原因は砒素であるとした、それぞれ３

「砒素含有量」と題する書面の問題点 ← 無効

・だれが、いつ、何の目的で、だれから、何を採取して作った一覧表なのかが解らない。
→正当に作成されているか不明のため、信用力があり、証拠能力にも証明力にも問題がある。

供述調書の問題点 ← 無効

・上野、粉川、榎本の各検面調書は、「砒素含有量」と題する書面を見せられて、専門家（医師）としての意見を求められて述べたものに過ぎない。
・同調書は、元の解剖結果、死亡診断書、死体検案書とは、全くかかわりのない、単なる意見書である。

↑ 死因と無関係

人の医師の検面調書（検甲973、974、975）は、どう評価すれば良いのでしょうか。

　上野、粉川、榎本の各検面調書は、「砒素含有量」と題する書面を見せられて、専門家（医師）としての意見を求められて述べたものに過ぎない。という結論になります。

　従って、このようなものは今回死亡した4人の死因とは何らの関係もなく、原判決は同書面証拠の標目に記載がすべきではない、ということになります。

４、元の死因関連書面と代替証拠の関係

原判決で採用されたのが、代替証拠が元の解剖結果、死亡診断書、死体検案書の死因とは異なる、砒素を死因とする代替証拠だとしたらどういうことになるのでしょうか。

第一に、代替証拠と元の解剖結果、死亡診断書、死体検案書の優劣問題が発生します。そもそも本来の手続きとしては、新たな事実が判明してやむを得ず変更するのであれば、元の解剖結果、死亡診断書、死体検案書の内容を変更、修正、訂正をすべきであって、あらたな検面調書を作成しても、その書面は無効ということになります。さらには、この「砒素含有量」と題する書面が正当に作成され、信用力があり、証拠能力にも証明力にも問題が無い書面であるなら、これを有力な証拠の一つとして、死亡した４人の死因の鑑定に正式に役立てることが出来るはずです。なぜ検面調書の作成ではなく、鑑定をしないのか。鑑定をしないことは、それに耐えられない偽物といわざるを得ません。

なお、医師４人の内の１人、辻力の検面調書では（甲９７２）「砒素含有量」と題する書面を

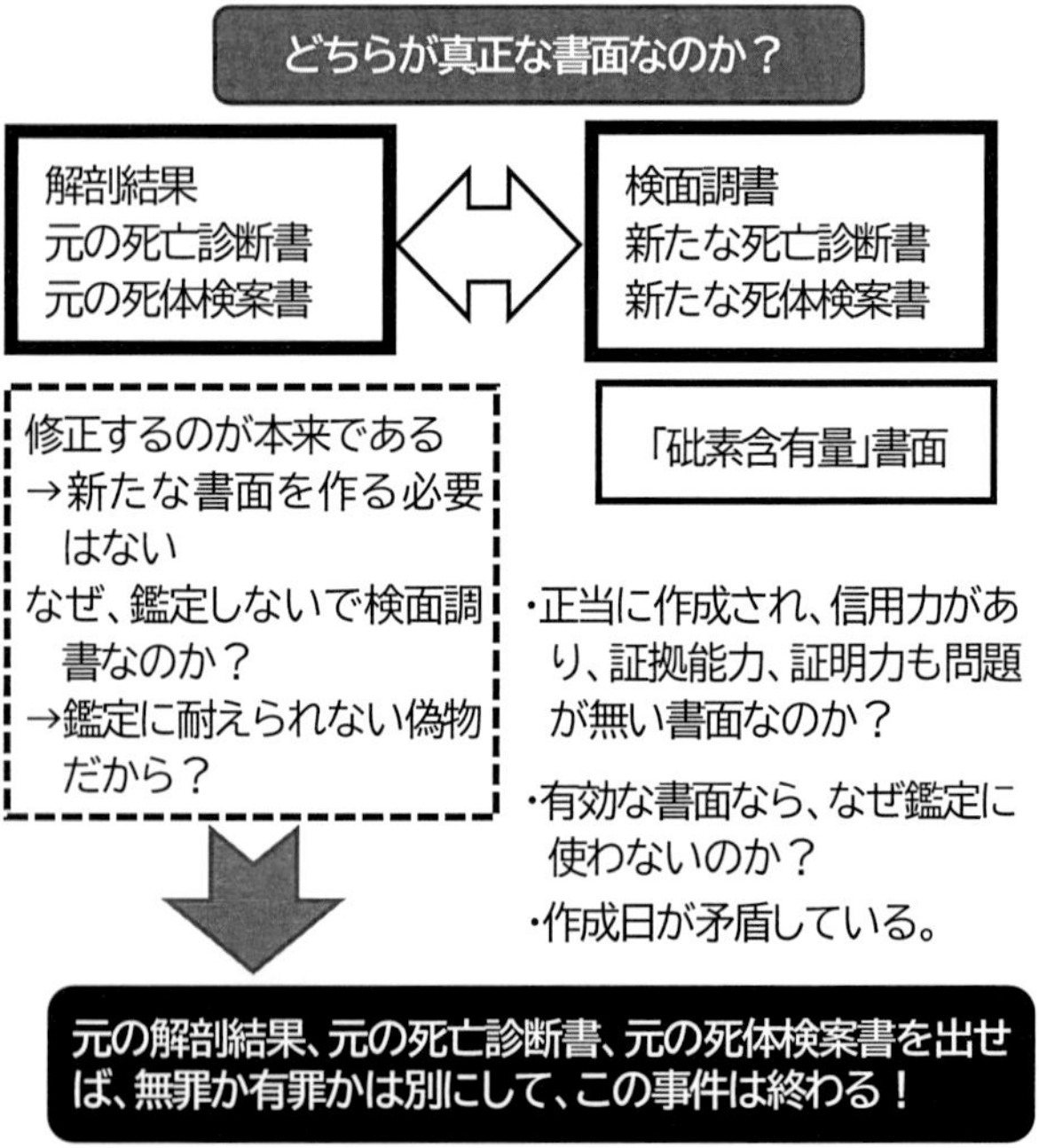
どちらが真正な書面なのか？
解剖結果
元の死亡診断書
元の死体検案書
検面調書
新たな死亡診断書
新たな死体検案書
修正するのが本来である
→新たな書面を作る必要はない
なぜ、鑑定しないで検面調書なのか？
→鑑定に耐えられない偽物だから？
「砒素含有量」書面
・正当に作成され、信用力があり、証拠能力、証明力も問題が無い書面なのか？
・有効な書面なら、なぜ鑑定に使わないのか？
・作成日が矛盾している。
元の解剖結果、元の死亡診断書、元の死体検案書を出せば、無罪か有罪かは別にして、この事件は終わる！

示されずに、「死亡した４人の死因は砒素である」となっている。そうすると、辻力が解剖時（７月26日、27日）に作成した解剖結果、死亡診断書、死体検案書との関係で、先に作成した３書面と、後に作成された甲９７２の検面調書のどちらかが虚偽公文書である、ということになります。

客観的に見れば、何ら利害関係の無い段階で作成されたはずの元の解剖結果、死亡診断書、死体検案書が真正な文書で、後日新たに作成された検面調書（甲９７２）が意図的かつ偽物である、というべきです。

従って、後者を有罪の証拠として標目に判示することは不当であります。

5、死因についての代替証拠も全く証拠能力、証明力が無い

以上述べた様に、原判決では、死因についての直接証拠が無いだけでなく、代替証拠1及び2も全く証拠能力、証明力が無い。死刑判決でありながら、ここまで死因を無視した判決がなぜ存在するのか。しかも、第一審判決が高裁、最高裁でも容認されています。ここまで結論（死刑）と理由の実際（第三者の犯行である可能性、死因の立証無し、死因の代替証拠が全く出鱈目）が矛盾した判決は、前代未聞です。

では一体その裁判において、弁護人はどのような役割を果したのでしょうか。本件裁判において、弁護人の役割が原裁判の異常性を少しでも阻止したかと思えば全くそうではなく、むしろ原裁判の補完的役割を果たしたかに見えます。改めて、弁護人が真に弁護の役割を果たしたのかが同時に検証されなければなりません。

そもそも、第三者の犯行が明らかな、死亡した4人に対する死因を青酸化合物とする解剖結

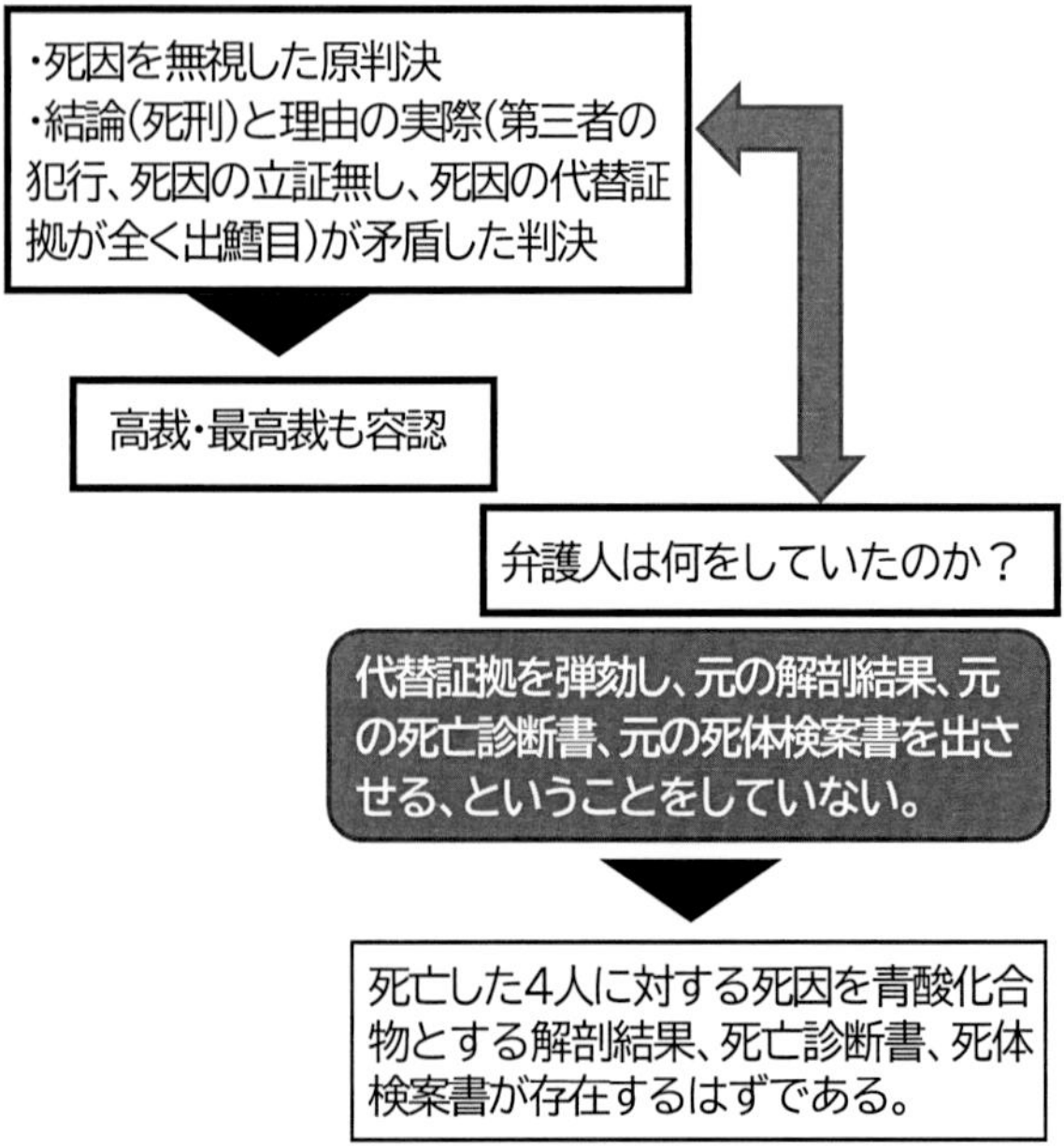
・死因を無視した原判決
・結論（死刑）と理由の実際（第三者の犯行、死因の立証無し、死因の代替証拠が全く出鱈目）が矛盾した判決
高裁・最高裁も容認
弁護人は何をしていたのか？
代替証拠を弾劾し、元の解剖結果、元の死亡診断書、元の死体検案書を出させる、ということをしていない。
死亡した4人に対する死因を青酸化合物とする解剖結果、死亡診断書、死体検案書が存在するはずである。

果、死亡診断書、死体検案書が存在するはずです。

（1）死因の直接証拠は4人を解剖した、和歌山県立医科大学医学部法医学教室教授辻力の手元に存在する。平成10年7月26日付、27日付の4人の解剖結果、死亡診断書、死体検案書である。

（2）谷中孝壽についての解剖結果、死亡診断書、死体検案書は、医療法人誠佑記念病院の医師上野雄二の手元に存在する。

（3）田中孝昭、林大貴についての解剖結果、死亡診断書、死体検案書は中江病院の医師粉川庸三の手元に存在する。

（4）鳥居幸についての解剖結果、死亡

診断書、死体検案書は日本赤十字社和歌山医療センター第二内科の医師榎本茂樹の手元に存在する。

6、代替証拠の問題点総まとめ

代替証拠は非常に多数の問題点を抱えた証拠であります。

刑事弁護人は、真実究明義務があります。このように多数の問題点を抱えた代替証拠を「同意する」として争わないことは、真実究明義務違反です。まともで誠実な弁護人であれば「同意」という行為には決して出られない行為です。何よりも「不同意」にして正規の解剖結果、死亡診断書、死体検案書を提出させるのが、弁護人の本来のあるべき弁護活動です。本件弁護人はなぜ本来の弁護活動をしないのでしょうか。

裁判所としても、本件の弁護活動を支援する真実究明義務があります。なぜ裁判所は弁護人に本件の弁護活動をするよう示唆しないのでしょうか。裁判所としても真実究明義務怠慢の審理不尽を免れないでしょう。

代替証拠の意見を正規の解剖時になぜ活かせられなかったのでしょうか?

正規の解剖時、つまり自治会長は平成10年7月26日、その他の3人は同月27日の正規の解剖時にどうして活かさずに、平成10年10月7日と2ヶ月半近く後に、新たな死体検案書(無効である)という形や、検面調書(特に「砒素含有量」という書面を正規のときに)という形を取らざるを得なかったのでしょうか。

正規の解剖時に活かしておけば全く問題は無かったはずです。正規の解剖時にその見解を活かせなかったということ自体、新たな死体検案書や検面調書の見解に問題があることを表しているのです。

第3、有罪証拠の証拠標目の3ヶ所に無罪の証拠がある

1、被害者67名全員からシアンと砒素の反応

有罪証拠の証拠標目の3ヶ所に、無罪の証拠である被害者67名のシアンの反応が出ている一覧表が添付されています。

証拠標目15頁～16頁にかけて記載された、カレーを食べて異常を発生した各患者を担当している医師島田博（検甲１０４１）辻元登志英（１０６３）、小牧克守（１１０１）の各員面調書に、いずれも添付されていた平成10年10月27日付の和歌山県警本部捜査一課加門仁の捜査報告書にカレーを食べた67名の一覧表が添付されており、それにはいずれも砒素とシアンの各症状が記載されています。特に死亡した小４男児はシアンの含有量が大で、シアンで死亡したことが明白です。

これによれば、被告人は明々白々に無罪です。改めて、加門仁の捜査報告書及び一覧表を見てください（第1章、41～45頁に添付しました）。

これまで、死亡した４人の死因に関連する話が中心でしたが、他の被害者の方々はどうだったのか？

実は、和歌山県警科捜研、東京科警研、兵庫県警科捜研、大阪市大医学部の鑑定結果一覧表を総合すると、シアンの反応があるのは67名の被害者全員、砒素も67名全員から反応があったと表示されています。これは重大な事実です。平成10年10月27日の時点で、和歌山県警は、カレーを食べた被害者全員がシアンと砒素の２つの毒素の被害を受けていることを知っていたということです。林眞須美は、そもそも「砒素をカレーに投与はしていない、と強く否定しています。

和歌山県警、検察庁は、林眞須美がカレーに砒素を投与した殺人罪、殺人未遂罪で、平成10年12月29日に被告人を起訴しました。先に示したように、カレーに砒素だけでなく、シアンまで投与されていた、という事実があって、死亡した4人の死因がシアン中毒であったのであれば、起訴状からしても犯人が林眞須美ということはそもそもあり得ません。

裁判に提出する医師の供述調書に、被害者特定のための資料として添付されている鑑定結果一覧表の存在を、捜査本部である和歌山県警や検察庁が知らない、ということはあり得ません。

ただ、平成13年3月に発行和歌山県警察本部が編集発行した「捜査概要」Ａ４版全１４１頁には、和歌山県警科捜研、東京科警研、兵庫県警科捜研、大阪市大医学部に対する砒素の鑑定依頼は元より、被害者資料鑑定結果表も登載されてはいません。

その部分の目次によれば、1、科学捜査研究所　2、科学警察研究所　3、他府県警察への鑑定依頼　4、九州大学医学部への鑑定依頼（被害者状況の裏付け）　5、聖マリアンナ医科大学（山田博助教授）　6、東京理科大学（中井泉教授）　7、最新機械による鑑定（1）プリング（2）ファンファクトリー（放射光研究施設）とあります。

兵庫県科捜研、大阪市大医学部に対する鑑定依頼書のみ上記3～7の鑑定依頼書及びそれぞれの鑑定結果の裁判における証拠調べを是非ともしなければなりません。

弁護団の証拠請求、それが無い場合は、裁判所による職権の証拠調べがなければなりません。このように真相究明のための必要不可欠な審理がなされていないのが、「和歌山カレー事件」の裁判の特徴であります。

鑑定結果一覧表を総合すると、67名の被害者全員に、シアンも砒素も反応があった。

▼

平成10年10月27日時点で、和歌山県警は、カレーを食べた被害者全員がシアンと砒素の2つの毒素の被害、少なくとも砒素だけでなく、シアンの被害も受けていることを知っていた

死因がシアン中毒であれば、起訴状からして、犯人は林眞須美ということはあり得ない。

▲

鑑定を依頼した機関すべてについて、鑑定依頼書及びそれぞれの鑑定結果の裁判における証拠調べをしなければならない

これをしていない。
弁護団の証拠請求、または、裁判所による職権の証拠調べが必要

2、複数の毒を使用するのは毒物犯の常識

「和歌山カレー事件」より約10年前の１９８６年（昭和61年）にいわゆる「トリカブト殺人事件」が発生しました。トリカブトとフグ毒を併用して毒性の発現を遅らせ、捜査を混乱させた。この事件以降、複数の毒物を併用するのが、毒物犯に常識化した傾向にあります。

本件においても、シアンと砒素の鑑定依頼に加えて、シアンと砒素を併用すると毒性発現が早発するか、遅発するか、さらに、毒性の効果が強まるのか、弱まるのか等の鑑定も併せて依頼する必要性があったと考えられるのです。

というのも、午後6時に祭りが開始し、カレーが食べられるので、午後6時に毒性が発生するようにセットされていた可能性が考えられるからです。このような肝心の

無差別…死のカレー

次々倒れ、おう吐

「酸っぱいと思った」

毎日新聞
7月27日31面

捜査を怠っているのが、本事件捜査の特徴です。

本件再審申立書において、カレーを2サジか3サジ多くても10サジぐらい食べて吐き出している被害者が63名中22人も居る（九州大学医学部衛生学講座教授井上尚英の意見書（検甲127））。無味無臭の砒素を食べて、2サジから3サジで吐き出すことは不思議です。それだ

読売新聞7月27日31面

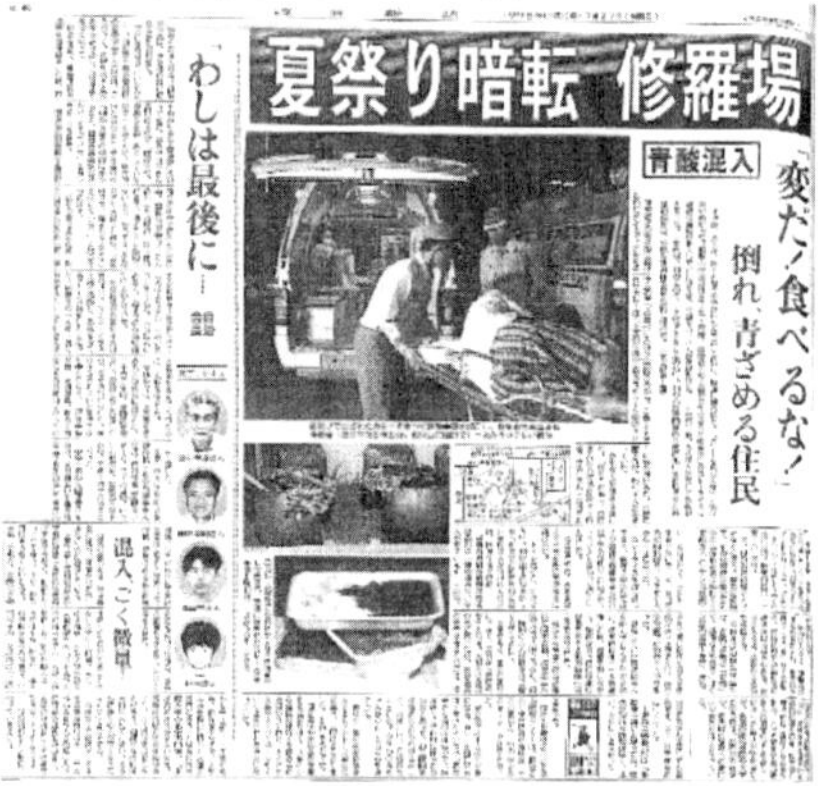

夏祭り暗転　修羅場

青酸混入

「変だ！食べるな！」

倒れ、青ざめる住民

「わしは最後に…」

混入ごく微量

産経新聞7月27日27面

夏祭りに「無差別殺人」

和歌山の青酸カレー事件

「なぜ」遺族ぼう然

犠牲の小4　姉は回復したのに

「まさか青酸とは」

けでなく新聞報道でもカレーを食べた人の意見として「酸っぱかった」（毎日新聞7月27日31面）「なんやこの味」（読売新聞7月27日31面）「変な味」（産経新聞7月27日27面）等で報道されています。

これらの報道からみても、カレーに投与されたのは砒素だけではなさそうです。捜査を混乱させる陽動作戦として、複数の毒を投与した可能性があるのに、本件ではその捜査がなされていないのです。

第4、死亡保険金受取人で無くても死亡保険金を受け取れる？

「和歌山カレー事件」の原判決は、死亡保険金受取人で無くても、保険資料を管理しておれば、死亡保険金を受け取れると判示する超不当な判決です。

1、なぜ保険契約書を管理していると、死亡保険金を受領できるといえるのか？

原判決は、被告人は泉克典の保険契約の管理等をしているので、死亡保険金を受領できるとして、被告人が泉克典に砒素を食べさせたり（「牛丼事件」「うどん事件」）、睡眠薬を飲ませて泉克典に原付事故で死亡させようとしたり（「睡眠薬事件」）したと認定する（原判決824頁～836頁、854頁～860頁、769頁～788頁）。そしてその証拠として、被告人が保険契約書を管理していることと、判決書添付の別表8を判示します（原判決660頁、747頁、748頁、835頁、858頁）。

原判決は、別表8では、被告人が泉克典の死亡保険金受取人になっていないことを知りながら、一般人は別表8まで検討しないだろうと予測のもとに、別表8を度々掲げることであたかも別表8に、被告人が死亡保険金受取人になっている記載があることを装う、ある種の巧妙な詐欺判決を判示します。

判決書に添付された別表8には、被告人が管理する、泉克典の保険契約14例が記載されています。この別表8の泉克典の保険契約の保険金受取人は、泉克典の親権者、相続人、雇い主等であって、被告人は14契約中のただ1件も保険金受取人にはなっていないのです。

①なぜ保険金契約書を管理していると、死亡保険金を受領できるといえるのか？

②原判決は、保険契約上の受取人でもない被告人が、泉克典らが死亡したとき、どのような方法で保険金を取得できるのか？

③保険契約上の受取人でもない第三者が、死亡保険金を受け取る手段があるか？

その事を明示するのが判決の役割であるが、原判決はそれをしません。被告人が保険金を受け取る具体的な手段、方法を明らかにしません。いくら原判決が、被告人が砒素、睡眠薬を用いて殺人未遂、保険金詐欺を企てたといったところで、それは犯罪行為ということにはほど遠い空論に過ぎないのです。

それはさておき、原判決の論理は保険金殺人罪を誘発します。保険関係の管理をするだけで、死亡保険金を受け取ることが出来るとする原判決は、管理さえしておれば、保険金を受け取ることができるということで、保険金殺人等の犯罪を誘発することの根拠とさえなるといわなければなりません。

原判決は、被告人は保険契約上、保険金受取人と認定できません。それにもかかわらず、原判決は、保険金受け取りを目的として、砒素を投入した「くず湯」「牛丼」「うどん」を食べさせようとした。また「睡眠薬」を投入して、原付事故による死亡事故を企んだ、とするのが原判決８５９頁、８６０頁、８６７頁です。

◆別表８

別表６　被告人管理に係る保険加入状況
ただし，本文中に(ぬ)以下の符号が付き，個別に検討されているものに限る。

	被保険者　吉田博之	被保険者　桝本成浩	被保険者　林健治
昭和58年	(ぬ)　生命保険（第一生命），昭和58年3月16日契約，契約者吉田博之，死亡保険金受取人吉田静子，普通死亡保険金額1500万円，入院給付金日額5000円，月額保険料1万0800円 (る)　生命保険（第一生命），昭和58年6月1日契約，契約者吉田博之，死亡保険金受取人吉田静子，普通死亡保険金額1000万円，月額保険料1万2400円		
昭和60年	(を)　生命保険（住友生命），昭和60年9月5日契約，契約者・死亡保険金受取人林健治，普通死亡保険金額2000万円，入院給付金日額9000円，月額保険料1万5876円		
昭和61年		(か)　生命保険（第一生命），昭和61年7月26日契約，契約者桝本成浩，死亡保険金受取人桝本妙子，普通死亡保険金額3000万円，入院給付金日額5000円，月額保険料2万0565円	(わ)　生命保険（住友生命），昭和61年2月1日契約，契約者林健治，死亡保険金受取人被告人，普通死亡保険金額5000万円，月額保険料4万9400円 (よ)　生命保険（第一生命），昭和61年11月12日契約，契約者林健治，死亡保険金受取人被告人，普通死亡保険金額6000万円，入院給付金日額1万円，月額保険料5万7030円 (た)　生命保険（日本生命），昭和61年12月5日契約，契約者林健治，死亡保険金受取人被告人，普通死亡保険金額1億円，昭和62年10月7日から入院給付金日額1万円，月額保険料8万4560円（同日から9万8300円）
	被保険者　泉克典	被保険者　土井武弘	
平成6年			(れ)　生命保険（明治生命），平成6年4月1日契約，契約者林健治，普通死亡保険金額5000万円，入院給付金日額1万円，月額保険料5万0958円
平成7年	(そ)　年金保険（日本生命），平成7年1月1日契約，契約者泉克典，死亡保険金受取人泉祐二，年金金額50万円，入院給付金日額5000円，月額保険料1万1320円 (ね)　生命保険（日本生命），平成7年12月1日契約，契約者泉克典，死亡保険金受取人泉祐二，普通死亡保険金額5000万円，入院給付金日額1万円，月額保険料1万8580円 (な)　生命保険（第一生命），平成7年12月20日契約，契約者泉克典，死亡保険金受取人泉祐二，普通死亡保険金額3000万円，入院給付金日額1万円，年払保険料16万5459円（月額換算約1万3788円）		(つ)　生命保険（朝日生命），平成7年7月1日契約，契約者林健治，普通死亡保険金額3000万円，入院給付金日額1万円，月額保険料2万9976円
			(ら)　生命保険（大同生命），平成8年2月1日契約，契約者林健治，普通死亡保険金額[illegible]

- 963 -

平成8年	(ナ)　生命保険（日本生命，(ﾂ)の名義変更），平成8年7月12日名義変更，契約者・死亡保険金受取人を上井武産業に変更，普通死亡保険金額3000万円に変更，月額保険料が1万3228円に変更 (ニ)　生命保険（第一生命，(ﾃ)の名義変更），平成8年7月8日名義変更，契約者・死亡保険金受取人を上井武産業に変更 (ヌ)　簡易生命保険（郵政省），平成8年10月28日契約，契約者・保険金受取人林健治，普通死亡保険金額1000万円，入院給付金あり，月額保険料1万6000円 (ネ)　生命共済（全労済），平成8年12月14日契約，契約者泉克典，共済金受取人法定相続人，普通死亡共済金額600万円，入院共済金日額2000円，月額共済掛金3000円 (ノ)　生命共済（わかやま農協），平成8年12月16日契約，契約者泉克典，共済金受取人泉楠二，普通死亡共済金額2500万円，入院共済金日額5000円，月額共済掛金1万5613円 (ハ)　生命共済（わかやま農協），平成8年12月16日契約，契約者泉克典，共済金受取人泉楠二，普通死亡共済金額2500万円，入院共済金日額5000円，月額共済掛金1万6069円		万円，入院給付金日額1万円，月額保険料1万5380円 (ソ)　生命保険（安田生命），平成8年3月1日契約，契約者林健治，普通死亡保険金額5000万円，入院給付金日額1万円，月額保険料5万2251円
平成9年	(ヒ)　医療保険（アリコジャパン），平成9年3月13日契約，契約者・保険金受取人上井武産業，死亡保険金額60万円，入院給付金日額6000円，月額保険料3003円	(フ)　簡易生命保険（郵政省），平成9年1月か2月ころに被告人が譲り受ける，契約者上井武弘（なお，平成9年6月3日に林健治に変更），死亡保険金受取人上井須磨子（なお，平成9年6月3日に林健治に変更）普通死亡保険金額1000万円，災害特約1000万円，健康祝金付疾病傷害入院特約付き，月額保険料1万8500円（なお，平成10年6月1日月額保険料が1万7300円に減額） (ヘ)　生命共済（全労済），平成9年5月31日契約，契約者上井武弘，死亡保険金受取人法定相続人，死亡共済金額病気は600万円，交通事故は1800万円，入院共済金日額病気は2000円，交通事故の場合は8000円，月額共済掛金3000円 (ホ)　医療保険（アリコジャパン），平成9年6月26日申込，契約者上井武産業，死亡保険金受取人法定相続人，普通死亡保険金額60万円，入院給付金日額6000円，月額保険料5667	

平成9年	(‌[illegible]) 生命保険(日本火災パートナー生命),平成9年10月1日契約,契約者泉克典,保険金受取人泉禎二,死亡保険金額2000万円,入院給付金日額5000円,月額保険料6704円 ([illegible]) 交通傷害保険(日本火災),平成9年11月20日契約,契約者泉克典,保険金受取人法定相続人,交通事故による死亡保険金額3000万円,入院保険金日額1万1250円,年払保険料12万3190円(月額換算約1万0265円)	円 ([illegible]) 生命保険(太陽生命),平成9年9月17日契約,契約者土井武弘,死亡保険金受取人土井須壽子,普通死亡保険金額500万円(ただし平成10年5月ないし7月に死亡した場合は約320万円),災害死亡保険金額1000万円,入院給付金日額1万円,月額保険料2万2850円 ([illegible]) 生命保険(第一生命),平成9年11月17日申込み,契約者・死亡保険金受取人土井武産業,普通死亡保険金額5000万円,入院給付金日額1万5000円,年払保険料40万9287円(月額換算約3万4107円) ([illegible]) 生命保険(日本生命),平成9年11月19日に被告人が譲り受ける,契約者・死亡保険金受取人土井武産業,普通死亡保険金額8000万円(平成10年2月5日に5000万円に減額),入院給付金日額1万5000円,月額保険料4万5612円(平成10年2月5日に3万0136円に減額) ([illegible]) 交通傷害保険(日本火災),平成9年11月20日契約,契約者土井武弘,死亡保険金受取人法定相続人,交通事故による死亡保険金額3000万円,入院保険金日額1万1250円,年払保険料12万3190円(月額換算1万0265円) ([illegible]) 交通傷害保険(AIU),平成9年12月9日申込み,契約者土井武弘,死亡保険金受取人法定相続人,交通事故による死亡保険金額2000万円,入院保険金日額1万円,年払保険料4万0200円(月額換算3350円)	
平成10年	([illegible]) 自動車保険(千代田火災),平成10年1月21日契約,自損事故による死亡保険金額1700万円,入院保険金日額9000円,年払保険料2万0740円(月額換算約1728円) ([illegible]) 交通傷害保険(富士火災),平成10年2月19日契約,契約者土井武産業,保険金受取人法定相続人,交通事故による死亡保険金額3000万円,入院保険金日額1万1250円,月額保険料1万0990円	(ﾐ) 交通傷害保険(富士火災),平成10年2月19日契約,契約者土井武産業,死亡保険金受取人法定相続人,交通事故による死亡保険金額3000万円,入院保険金日額1万1250円,月額保険料1万0990円	

表８の契約内容　　　　　　　　　　　　編集者まとめ

年	会社	被保険者	受取人	金額（死亡保険金額のみ記載）
S56	第一	吉田博之	吉田静子	1500 万
	第一	吉田博之	吉田静子	1000 万
S60	住友	吉田博之	林　健治	2000 万
S61	第一	桝本成浩	桝本妙子	3000 万
	住友	林　健治	林眞須美	5000 万
	第一	林　健治	林眞須美	5000 万
	日本	林　健治	林眞須美	1 億
H6	明治	林　健治	林眞須美	5000 万
H7	日本	泉　克典	泉　禎二	年金保険 50 万
	日本	泉　克典	泉　禎二⇒土井武産業	5000 万→3000 万
	第一	泉　克典	泉　禎二⇒土井武産業	3000 万
	朝日	林　健治	林眞須美	3000 万
H8	大同	林　健治	林眞須美	1000 万
	安田	林　健治	林眞須美	5000 万
	郵政	泉　克典	林　健治	1000 万
	全労済	泉　克典	法定相続人	600 万
	農協	泉　克典	泉　禎二	2500 万
	農協	泉　克典	泉　禎二	2500 万
H9	アリコ	泉　克典	土井武産業	医療 60 万
	郵政	土井武弘	土井須壽子⇒林　健治	1000 万
	全労済	土井武弘	法定相続人	病気 600 万、通事故 1800 万
	アリコ	土井武弘	法定相続人	医療 60 万
	日本火災パ	泉　克典	泉　禎二	200 万
	日本火災	泉　克典	法定相続人	交通 3000 万
	太陽	土井武弘	土井須壽子	500 万
	第一	土井武弘	土井産業	5000 万
	日本	土井武弘	土井産業	8000 万→5000 万
	日本火災	土井武弘	法定相続人	交通 3000 万
	AIU	土井武弘	法定相続人	交通 2000 万
H10	千代田火災	泉　克典	記載なし	自損死 1700 万
	富士火災	泉　克典	法定相続人	交通 3000 万

表8の泉克典が被保険者の契約14件　　（編集者まとめ）

年		会社	被保険者	受取人	金額（死亡保険金額のみ記載）
H7	1	日本	泉 克典	泉 禎二	年金保険 50 万
	2	日本	泉 克典	泉 禎二 ⇒土井武産業	5000 万 →3000 万
	3	第一	泉 克典	泉 禎二 ⇒土井武産業	3000 万
	4	郵政	泉 克典	林 健治	1000 万
	5	全労済	泉 克典	法定相続人	600 万
	6	農協	泉 克典	泉 禎二	2500 万
	7	農協	泉 克典	泉 禎二	2500 万
H9	8	アリコ	泉 克典	土井武産業	医療保険 60 万
	9	日本火災パ	泉 克典	泉 禎二	200 万
	10	日本火災	泉 克典	法定相続人	交通 3000 万
H10	11	千代田火災	泉 克典	記載なし	自損死 1700 万
	12	富士火災	泉 克典	法定相続人	交通 3000 万

契約は12件　修正が2件、計14件

原判決は、被告人が管理している泉克典の保険の内容として原判決の別表8を度々挙げます（６６０頁、７４７頁、７４８頁、８３５頁、８５８頁など）。しかし**別表8の14例の泉克典の保険契約において、被告人が受取人になっている保険契約は一つもありません。**このことは、被告人が保険金の受け取りについてまでは、その意思が無いことを明白に物語っているのです。

原判決は（たぶん意図的に、一種の詐欺として）、別表8を被告人の保険金詐欺の根拠に度々挙げますが、実際は別表8は被告人が保険金の受取人になっている保険契約は一つも無く、被告人は保険金詐欺の意思の無いことの証拠となるのです。原判決を否定する証拠となるのが別表8です。

林眞須美は、
①泉克典の保険金関係の管理をしている
②睡眠薬の処方を知っている
③泉克典にバイクを買い与えている
④泉克典がバイクで交通事故を起こし死亡することを期待している
⑤バイクで出かけた泉克典の後をつけている

↓

林眞須美が睡眠薬を入れた

論理の飛躍

上記①～⑤の事実をもって、林眞須美が睡眠薬を入れたとは言えるのか？

林眞須美は保険外交員、生命保険の管理をしても何ら異常ではない。

泉克典の保険金受取人になっていないので、死亡保険金を林眞須美が受け取ることは出来ない。


原判決の別表8を判示する意図とは真逆に被告人に泉克典殺害の意図が無い証拠となるのです。被告人は泉克典を殺害しても死亡保険金を受け取れないのです。

2、死亡保険金受取人でない被告人を殺人犯の実行行為者にする8つの根拠

原判決は、死亡保険金受取人でもない被告人が、泉克典に対して、砒素を摂取させて殺人（未遂）を実行することに疑いをもちながら、あえて実行したと認定します。以下その1から8において、その根拠を示します。

根拠　その１

原判決は、被告人が死亡保険金受取人の変更方法を知っていることを判示します。原判決の７２２頁において、平成８年７月２日、生命保険の保険契約者を泉克典から土井武産業に変更した例（日本生命、第一生命）を判示しています。判示とは逆に、被告人にはこのように変更の例を知りながら、自己を受取人にはしていません。これは被告人が生命保険金の受け取で金銭を取得しようとする意思が無いことの、判決と矛盾する何よりの証拠です。

根拠　その２

原判決は、被告人が泉克典の死亡保険金受取人でないことを知っています。原判決といえども、死亡保険金受取人でもない者が、死亡保険金を受け取れないことは知っています。これは常識であります。

被告人が泉克典の生命保険関係の管理をしていることを原判決は強調します。そして、泉克典の金銭受取口座の管理をしていて、障害給付金の受け取りは出来ます。しかし、死亡保険金の受け取りはできません。なぜなら、金銭受取人口座は死者の口座になるので、保険会社は、死者の口座に死亡保険金の振込は決してしないからです。

根拠　その3

牛丼、うどんを食べた時の事細かな状況を、必要以上に詳細に認定しています。このことは、逆に真意を隠すために取る方法でもあるのです。原判決は、牛丼を食べた時の状況（原判決824頁から835頁）において、食べるに至った状況、牛丼の味、食べた量、食べた後の状況、目撃者（土井、健治）の証言、昼食の牛丼の信憑性、朝食抜きの信憑性、夕食抜きの信憑性等、これ以上詳細に記載出来ないほどに詳細に認定します。読者はこれを読んで何ともいえない不自然さを感じないでしょうか？ 感じたとすれば、それは真意を糊塗するため、あえて詳細に記載しすぎたためでもあります。

うどんについても、原判決855頁から861頁において、同様な詳細な判示がされています。ここまで事細かな判示をする前に、もっと本質的な事実、例えば泉克典が砒素を自己使用しているか否かの事実（例えば、病院の泉克典のカルテ）を簡単に判示されれば、読者は解るはずです。しかし、それが出来ないのは真実を追及する裁判をしていない理由でもあります。

根拠　その4

保険約款を判示して、実質的保険契約者になると、詐欺罪が適用されることを判示する。

原判決は、牛丼、麻婆豆腐、中華丼と判示を進めながら（824頁から853頁）、中華丼の判示(853頁から854頁)途中において、突如として『ところで、これらの保険契約では・・・』と約款の支出免責条項、重大事由による解除事項、実質的保険契約者等の説明を何らかの根拠条文、証拠も判示することなく説明し、保険金取得が詐欺罪に当たる場合を説明します。

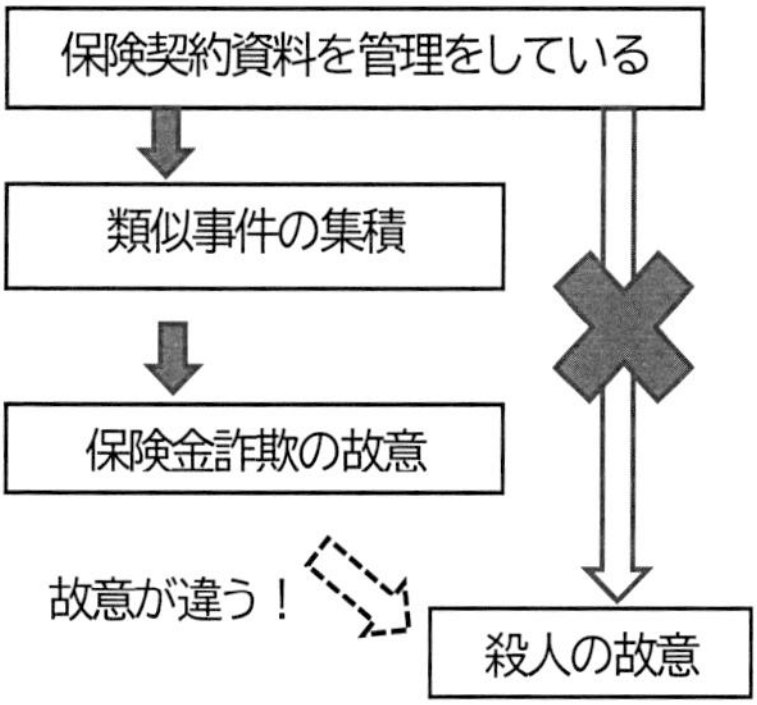

なぜこのような保険約款を突如として判示するのか？ 問題は**単なる保険金詐欺の故意ではなく、保険金取得目的で殺人の故意がなければなりません。**そうでなければ、カレーに砒素を投与した類似事件とならないからです。

原判決の実質的保険契約者の判示や、実質的保険契約者が詐欺罪になる場合の判示は、被告人が砒素による泉克典の殺害の犯人であるとストレートに判示できないことによる苦しまぎれの言い訳としか理解できません。

いずれにしても、保険会社として、どのような場合に、保険金の支払免責になるのか(支払免責条項)、どのような場合に、保険契約を解除できるのか（解除条項）や、実質的保険契約者

（届出印の管理、指定口座の管理、契約上の通信先を自己の住所にしていること、各種手続きを自ら行うこと、給付金を受け取ること等をしている者）は支払免責条項や解除条項、詐欺罪に該当する。と判示するのです。

しかし、原審として判示しなければならない必要不可欠のことは、被告人はなぜ、保険金を受け取りたいのであれば、泉克典等の保険契約において、保険金受取人を被告人自身にしないのかということです。死刑判決は、そのことを一切触れません。これでは、判決は何のために、保険約款を判示したのか、意味がありません。

根拠　その5

原判決は、証拠を上げるでもなく、証拠調べをするでもなく、被告人が高額の保険金契約を多数しているとして、これを保険金不正取得の根拠として挙げます。

このことを原判決は、被告人の泉克典に対して、砒素を食取させる根拠とします。証拠調べで、生命保険外交員の生命保険勧誘の実態、生命保険死亡保険金支払の実態が解ってしまえば、原判決の論理がくずれるので、証拠を挙げたり、証拠調べをあえてしない実情にあると推測されます。

まず、原判決は、被告人の保険勧誘について、保険金額が高額であり、多数の生命保険に加入していることを強調する。そしてこのことが、保険金を不正取得する目的を有している根拠であると判示するのです(判示の例として、原判決８３５頁、８５８頁、８５９頁、８６９頁)。またその例えとして、ことさらに、判決書添付の別表８を挙げます（６６０頁、７４７頁、７４８頁、８３５頁、８５８頁)。

保険金額が高額であること、その数が多いことは、保険外交員としての保険会社における成績です。裁判官がその点に無知であるとすれば、その点の証拠調べをすれば良いことです。証拠調べをすれば、原判決の持って回った理由付けが通らなくなります。それで証拠調べもできないのです。

被告人は、平成2年4月1日から平成8年2月13日まで6年間、日本生命の保険外交員でした。１ヶ月平均5件の勧誘をし、年間60件、これを6年間したので、約３６０件を勧誘して、保険契約を成立させた。平均的な外交員（1ヶ月約2件）よりは多少多い方です。

保険金額の高額性と、保険の多数性を直ちに不正取得目的に直結させる判決です。この点について、一般の保険契約の実態について詳しく証拠調べをして比較検討をする必要があります。以下にみるように、判決の指摘は全く当たっていないのです。

根拠　その6

被告人の勧誘した保険金額は、判決が言うように高額でもなければ、保険契約も多数ではありません。

原判決は、被告人が勧誘した保険金額が高額であることを、具体的な金額を平均的な保険金額と比較もしないで再々指摘します。原判決835頁、858頁、869頁等です。

また保険契約も多く、それを管理していることを判決の別表8を再々挙げて、指摘する。原判決の747頁、748頁、835頁、858頁、660頁等です。

しかし、平成2年から平成8年までの6年間、日本生命のセールスパーソンをしている被告人として、保険の額、勧誘した数は、他の平均的なセールスパーソンの多少多めの域に留まるものです。

根拠　その7

以下、生命保険の書籍から、生命保険の実際を引用します。

保険会社の営業所長は、ノルマを達成すると栄転し、未達の場合左遷、転落の穴が待っている（『さよなら!!日本生命』三田村京著遊学社刊2020年発行　31頁）。そこで部下の営業員に「人間の皮を被っていれば、キツネでもタヌキでもいいから引っ張って来い、と誘致のハッパをかける（同31頁）。保険屋さんの中にあるのは、「何としても保険を売り込みたい。成績を挙げたい、という事だけで、与えられたノルマを達成できないと、夕方会社へ帰ったときの跨ぐ敷居が胸の高さまでせり上がってくるように思えるのである（同33頁）。セールスパーソンの販売をする生命保険は、比較的高額の契約が多い（前掲 出口著 93頁）。

以上のように「生命保険」の本をちょっと調べるだけで、被告人の誘致した保険数は平均並であり、保険金額も高額では無いことが簡単に解ります。

保険セールスの人の中には、年間何千万もセールスで稼ぐ人がいる。「今も昔も保険のＣＭを見ない日はない。全国の一等地には保険会社のビルがある。何千万円も稼ぐセールスの人がいるらしい、（『生命保険は入るほど損?!』後田亨著、日本経済新聞出版刊、２０２１年発刊６頁）。

平均的なセールスパーソンは、月２件前後の生命保険を販売する（『生命保険はだれのものか』出口治明著、ダイヤモンド社刊、２００８年発刊93頁）。

これからすると、被告人は、平成２年から平成８年まで６年間、日本生命のセールスパーソンをしていたので、１４４件の生命保険を販売していても普通ですが、被告人は、月５件程度、年間60件、６年で３６０件程度の保険契約を取っています。平均より多少多い方です。

根拠　その8

保険金額の高額性と、保険の多数性を直ちに不正取得目的であることに直結する判決にも、非常識性を超えた問題があります。判決の言うとおりであれば、日本に年間莫大な保険金殺人事件が発生していることになります。この点については、保険契約の実態を詳しく証拠調べをする必要があります。これをしない原審は怠慢甚だしく、審理不尽の違法であります。原判決853頁から854頁において、一応の保険契約約款が判示されています。

原判決は、必要でもない保険契約の約款の判示の前に、なぜ保険契約の実態の証拠調べをしないのか。これをすれば被告人が取得した保険金額が高額か、数が多いかが一目瞭然となるのです。

以上で原判決のある種の巧妙な詐欺判決の手口を全面的に明らかにしました。

原判決としては、泉克典に対する保険金詐欺罪の成立が「和歌山カレー事件」全体の有罪か無罪かの別れ道であることを理解して、詐欺判決の手段を全面的に使用しました。しかし、泉克典に対する保険金詐欺は、原判決の判示とは裏腹に、原判決が強調すればするほど、逆に被告人が無罪である結論に達することが明らかになりました。

「天網恢恢疎にして漏らさず」とは良く言った諺です。

第5、動機は解明できない。未必的殺意であれば、動機はいらない？

原判決は、８８1、８８5、８９3（2ヶ所）、９００、９０1頁の6ヶ所において、動機は解明できなかったと明言します。しかし、９００頁において、未必的殺意であれば、動機はいらないと判示します。判決書にこのようなウソを堂々と判示しても良いのでしょうか。

まず動機とは何について言うものだと皆さんはお考えになりますか？

一つは、確定的故意、つまりカレーに砒素を投入して、人を必ず殺してやろうとする故意に関連するものか、それとも人が死ぬかも知れないか、死んでもかまわないとする未必的殺意に関連するものか。もう一つは、カレーに砒素を投入する行為の直接の原因が動機であって、人を殺してやろうかとか、人が死んでもかまわないといった行動の結果に関するものではないとするかにあります。

辞書を引いても明らかな通り、動機とは後者をいいます。行動の直接の原因をいうのです。

原判決は、辞書を引けば一見して明らかになることさえ、虚偽の事実を、それを堂々と開陳します。ここまで日本の裁判も落ちぶれたのか、と言わざるを得ません。

いずれにしても、動機とは、行動の直接の原因を言います。確定的故意にしろ、未必的故意にしろ、砒素をカレーに投入するという行動は共通です。この行動の原因を動機というので、確定的故意か、未必的故意かは関係ありません。

原判決の未必的故意に動機はいらないとの判示は大ウソの判示です。

問題は、ウソの判示に止まらない点にあります。原判決の事実認定の姿勢にあります。簡単な事実で、それを誠実に確かめずに、独自の特異な見解を開陳する危険性にあります。

第6、「麻婆豆腐事件」「中華丼事件」のデッチ上げ

1、デッチ上げ事件　人間の錯覚を極端に利用した事実認定の違法性

原審は「牛丼事件」「うどん事件」、それ自体から、その有罪を認定することが出来ません。そこで突如「麻婆豆腐事件」「中華丼事件」を創作します。実質はデッチ上げです。その「麻婆豆腐事件」「中華丼事件」は起訴されておらず、原審も検察に起訴勧告もしておらず、泉克典供

述にも事件としては述べておらず、存在すら明らかではありません。

原審は、この「麻婆豆腐事件」、（原判決13章838〜847頁）「中華丼事件」（原判決１３章847〜854頁）は、被告人が砒素を投与して、泉克典に食べさせようとした事件で「牛丼事件」「うどん事件」と類似の事件であるとします。そして時間的に接近し、隣接して発生した事件であるとします。この「麻婆豆腐事件」「中華丼事件」の類推から、「牛丼事件」「うどん事件」は有罪であるとするのです。

この「麻婆豆腐事件」「中華丼事件」においても、林眞須美が砒素を投与して、泉克典に食べさせようとまでは認定しているわけではありません。「麻婆豆腐」「中華丼」を食べた後、泉克典に下痢や嘔吐の変調をきたしたと認定しているだけです。これでは「牛丼事件」や「うどん事件」と同じことです。

ではなぜ原審は、このような同じことのくり返しに過ぎない「麻婆豆腐事件」や「中華丼事件」をデッチ上げてまで、同じことの認定をくり返すのでしょうか？

原判決の意図は、林眞須美は「牛丼事件」「うどん事件」だけではなく、それ以外にも類似の多数の事件を起こしている、ということを言いたいのです。林眞須美は、砒素を食べ物に投与する多数の類似の事件を起こしているということを判決読者に印象づけて、これを強調することに狙いがあるのです。

読者は、そんなに多数の類似の事件があるのか、それなら林眞須美が犯行しているのに違いないと錯覚するでしょう。つまり人間の錯覚を利用した「事実認定」騙しの事実認定です。ここまで裁判ですることは許されません。

2、疑わしい類似事件の集積を重視する原審

このような錯覚だけで、つまり原判決は多数の類似事件、それもデッチ上げによる類似事件を挙げることによって、林眞須美の犯人性を「認定」するのです。

原判決は、以上のことを正直に判示している（原判決867頁）標題にも「単独では認定できないが、疑わしい類似事件が集積することの意味」と題して、多数の類似事件等の認定状況、砒素使用事案として「くず湯事件」「牛丼事件」「麻婆豆腐事件」「うどん事件」等を挙げています。

問題は「くず湯事件」「牛丼事件」「うどん事件」に、林眞須美が砒素を投与した、林眞須美

の犯人性が認定できないとして、全く類似の「麻婆豆腐事件」「中華丼事件」をデッチ上げることです。

このような類似事件を裁判所が自由にデッチ上げることが出来るのであれば、裁判における立証不明、立証不可能という事態は生じません。そもそも裁判すること自体が意味がありません。しかし、原判決は判決読者が錯覚を生じるように、いたるところでくり返しこの類似事件の集積を強調します。

例えば、原判決861頁です。そこで原判決は、林眞須美が泉克典に対して、平成9年9月22日牛丼に、同年10月12日麻婆豆腐に、同年10月19日中華丼に、そして平成10年3月28日うどんに、いずれも砒素を投入して食取させたと認定しています。要するに、同種類似事件を挙げて「牛丼事件」「うどん事件」の林眞須美の犯人性を認定に使うのです。

原判決が、判決文自体に明示する「単独では認定できないが、疑わしい類似事実が集積することの意味」をそれも1ヶ所ではなく随所にそれをくり返し判示します。原判決は、このように人間の錯覚を利用した「事実認定」しか出来ないのです。これでは事実を認定したことにはなりません。

よくぞ、判決文自体で「単独では認定できないが、疑わしい類似事実が集積することの意味」

と明示の判示をしたものです。しかし「単独では認定できない疑わしい類似事実」をいくら集積しても、真実には到達しません。原判決の人間の錯覚の利用にも限界があります。

原判決は「牛丼事件」「うどん事件」について、林眞須美の犯人性を合理的な疑いを超えて、立証出来ていません。「牛丼事件」「うどん事件」について林眞須美は無罪です。

ところが原判決は、この人間の錯覚の利用に気を良くして、錯覚を真正面から持ち出し「事実認定」をする。それが「睡眠薬事件」です（後述する）。

いずれにしても、判決で意図的に人間の錯覚の利用（簡単に言えば読者を騙すこと）をすることは違法です。**裁判所はこのような違法な手段を大々的に利用することでしか、類似事件と称する「牛丼事件」「うどん事件」を林眞須美の犯行であると認定することが出来ない**のです。

控訴審判決（平成17年8月8日、大阪高等裁判所第4刑事部　平成17年6月28日宣告、平成15年（ウ）等250号）の6頁において、「麻婆豆腐事件」「中華丼事件」を起訴されていない事実であって、検察官の立証行為が許されないはずはないと判示します。しかし筆者が指摘する論点は、裁判所が判決読者を騙すことが許されるかどうかという視点であって、高裁の検察官の立証行為の視点とは全く視点を異にしているのです。

3、いいかげんに止めてほしい、詐欺的事実認定の判決

原判決の判示する保険金受取人ではない被告人が、保険金受取目的で、泉克典に砒素を食べさせて殺しても、保険金は受け取れません。それであるなら、被告人が泉克典に砒素入りの「牛丼」「うどん」を食べさせ、「睡眠薬」を飲ませて、泉を殺害する意図が無いことになります。保険金殺害は根底から崩れます。

判決が最も強調し、数か所に亘って度々揚げる判決の別表8において、被告人が管理する泉克典の保険契約14件中に、被告人が保険金の受取人になっている契約は1件もありません。判決は、何のために別表8を強調するのか。ここで原判決は、判決読者の錯覚を利用するのです。

判決が度々別表8を引用しているので、別表8には判決にとって重要な事が記載されているのだろうと錯覚させるのです。判決が別表8を度々引用しているので、「別表8には、14の契約の死亡保険金受取人に被告人がなっている記載があるのだろう」という判決読者に錯覚を生じさせるのです。**実際には、判決から引用する別表8の14の泉克典の生命保険契約の死亡保険金の受取人に被告人は1件もなってはいません。**

判決は別表8の度々の引用でも、いかにも被告人が死亡保険金の受取人になっているかのよ

うな虚偽を判決読者に植え付ける一種の詐欺を行うのです。**この判決全体を緻密に見ていきますと、あらゆるところに詐欺の手法が用いられている**一瞬の油断も許されない特異な判決です。

このような虚偽に満ちた判決を書いても良いのでしょうか。いずれにしても別表8は判決とは全く矛盾しており、判決を否定する内容なのです。

被告人による保険金受領目的で泉克典の殺人計画は根底から虚偽であることが明らかとなりました。このことは、裁判所が「和歌山カレー事件」や泉克典に対する保険金目的殺人の、被告人の犯行の根拠として、また動機を認定できないが、それでも被告人の犯行が揺るがない根拠としてきた「類似事件の集積の効果論」です。この類似事件の集積自体、判決が虚偽の事実を事件としてデッチ上げて水増しした「類似事件」と「集積」です。

4、許された誤判の程度を大きく超えた誤判

問題はそのことだけに止まりません。「類似事件の集積の効果」で「和歌山カレー事件」の砒素投入の犯行、その砒素投入の動機等「和歌山カレー事件」の犯行の成立の全てを荷っていました。今やその「類似事件の集積」自体が全く虚偽であることが明らかとなりました。林眞須

美に対する平成14年12月11日付和歌山地方裁判所判事部宣告の死刑判決自体が虚構に立脚した判決であることが明らかとなったのです。

誤判として許される限度を大きく逸脱した「和歌山カレー事件」死刑判決なのです。

裁判は人間のする作業です。絶対に誤りが無いとはいえません。それも裁判制度という制限のある人為的制度に基づくものです。しかし、**裁判制度に伴う許される限度としての誤判には限度があります。**

「和歌山カレー事件」について、死者4人の死因の証拠として正規の解剖等がされているにもかかわらず、解剖結果等の証拠が裁判に提出されていません。解剖結果等の代替証拠は、虚偽公文書作成罪、その他医師法違反の違法文書です。

判決は、類似証拠の集積を謳っていますが、類似事件そのものが裁判所が作り上げたものであり、保険金受取人ではない被告人が、保険金受取目的で、砒素等による殺人を企て、保険金詐欺、殺人を多数犯しているという非常識なものです。そして判決が有力証拠として掲げる、判決添付の別表8の被告人管理の泉克典の14の保険金契約中、被告人が保険金受取人になっている保険契約は1件もありません。これほど杜撰な判決は、許されざる誤判です。

このような当然あるべき死因を立証する証拠が無い事件、犯行、犯行態様、動機等直接立証する証拠は皆無であるが、類似事件の集積でそれを立証できるとする判決です。ところが類似事件自体、裁判所が創り上げているのです。そして保険金受取人でもない被告人が保険金受取目的で砒素等による殺人、保険金詐欺を企てたとする非常識極まりない犯罪行為です。

捜査、訴追機関、裁判所は「和歌山カレー事件」が林眞須美の犯行であると認定するために、林眞須美に多数の類似の犯行があったからだとしています。国民は、そんなに多数の類似の事件があるのか？　それなら林眞須美が犯行しているに違いない、と錯覚します。しかし、そもそも、その「類似事件」の多数の集積自体を裁判所が創り上げているのです。

5、なぜ、日本の裁判はここまで堕落したのか

問題は、このような超虚構の判決に、原審裁判官、高裁の裁判官、最高裁の裁判官及び法律関係者が一切気がついていない、という状況です。これは、社会としてあるべき状況から大きく逸脱している状態を示しているといわざるを得ません。

「和歌山カレー事件」は、単なる冤罪死刑事件ではありません。証拠上、論理上、あまりにも常識を逸脱した稀有の判決が横行出来る社会の問題性が、真剣に検討されなければならないこ

とを「和歌山カレー事件」は暗示していると思われます。

「和歌山カレー事件」は、国家による殺人罪に該当すると言っても過言ではないのです。このような虚偽の死刑判決を最高裁を上げて賛成していては、国家の存在そのものが崩れる原因になっていくのではないでしょうか？

第７、多数の類似事件の集積で被告人の犯人性を認定できるのか？

１、動機は解明出来なかったと明言をくり返すが…

動機が認定出来ないので、多数の類似事件の集積で動機にかわって、犯行態様、被告人の犯人性を認定できると言えるのか。

原判決は、８７３頁～８９５頁に渡って、動機について検討し、激昂論、保険金詐欺論を否定し、最後に被告人の性格判断論を挙げて、裁判でこの点を検討すること自体、相当で無いとして、動機の検討は終ります。

しかし、被告人の多数の類似事件の集積で動機にかわって、犯行態様、被告人の犯人性を認定できると判示します。何よりも原判決881、885、893（2ヶ所）、900、901頁の6ヶ所で動機は解明出来なかったと明言をくり返し判示していることが、極めて印象的な判決書です。

他方で原判決は、897頁において、カレーに投入された砒素の量は紙コップ半分の量で、450〜1350名の致死量であると判示します。これだけの砒素をカレーに投入することは、住民皆殺しにすることができる量の何倍もの越えた量です。

被告人がこれだけの砒素を投入するということは、住民と被告人あるいは、被告人一家が決定的な対立ないし葛藤状態にあるということです。判決で被告人の性格判断論という究極の状態にする前に、被告人と住民の対立状況の有無を調べるべきです。住民調査、被告人の日誌等から簡単に解ることです。これをせずに、判決は類似犯行の多数累積論に逃げ込んだ審議未了の不当判決です。

２、被告人（被告人一家）と地域住民との決定的対立などは全く無い

「和歌山カレー事件」は膨大な情況証拠群で有名な事件です。証人も優に１００名は越えています。地域住民の全てが、捜査機関に調べられた経歴があるといっても決して過言ではありません。そのような地域住民の捜査や調べでも、被告人（被告人一家）と地域住民が対立ないし葛藤状態にあるなどと証言ないし供述している人は、一人も居ません。被告人（被告人一家）と地域住民とは穏便な状況にあることは明白です。

被告人は、メモ書き程度の日誌（住所録は詳しい）を日常的につけています。平成10年7月25日前後を調べても、25日は夏祭り、カレー当番、カラオケの記載があり、その前後も花火、病院、うすい、バトンといった記載で、住民との関係さえ記載がありません。

なお、本件で検察庁も、日誌を押収していた記録が残っています。これからみても、被告人（被告人一家）と住民との対立など全く無いことが明らかです。そのような被告人が、住民を皆殺しにするような砒素の量をカレーに投入することは全く考えられません。

「動機は解明されなかった」のでは無く、「動機は全く無かった」との事実認定をするべきであ

ると考えられます。

第8、「牛丼事件」「うどん事件」、何故、些細な情況を認定するのか？

「牛丼事件」（原判決824〜835頁）、「うどん事件」（855〜861頁）において、ことさら食べた時の些細な情況を必要以上に詳細に認定する。これは何のためなのでしょうか？

原判決は、「牛丼事件」（824〜835頁）、「うどん事件」（855〜861頁）において、ことさら食べた時の時刻、味、中味、風味、食べた時の状況、朝食抜き、昼食抜き、夕食抜きで食べたこと、食べた後の嘔吐の状況、時期、回数、目撃者等必要以上のそのことだけを、これ以上詳細に記載できないくらい詳細に記載します。

問題は、**泉克典が砒素を自己使用していて、それによる体調の異常が、牛丼、うどんを食べたことによる体調の異常かの区別を判断すること**です。そのためには、泉克典の入院歴、入院病院先のカルテと照合すれば簡単に解ることです。

カルテの取り寄せとその内容を検討すれば、泉克典の砒素の自己使用が明らかになります。原判決は、カルテの取寄せを避けるため、牛丼、うどんの食べた時の状況を必要以上に詳しく認定するのです。

要するに原判決の認定は、ここでも先に論じて来たことと同様の一種の詐欺的認定です。このことは、泉克典の砒素自己使用歴の病院のカルテ等必要な証拠調べを怠慢するためです。

このような裁判の怠慢を許しても良いものでしょうか。

何よりも許されないことは、判決は、真実究明のためには、泉克典の入院歴と病院のカルテの照合であるということが解っていながら、それをあえてせずに牛丼、うどんを食べた時、必要以上の詳細な認定で、それを誤魔化していることです。無駄な努力をするのではなく、なぜ正当な真実発見のための努力をしないのでしょうか。そのことによって、被告人が無罪となったとしても、それは裁判所が重大な役割を果したことになるのです。

原判決は、何が何でも被告人を有罪にすることだけの努力をしています。

原判決は、何に気を使い、だれに気を使って無駄な努力を重ねるのでしょうか。

この点も裁判官の独立がないことに関連します。後に詳論します（１４４頁）。

第9、弁護人の同意事件「被告人火傷事件1・2」は、ありえない犯行現場

1、「被告人火傷事件1・2」について

犯行を犯したことに強度の矛盾がある事件は、例え同意があっても確かめるべきです。

「被告人火傷事件1・2」は、弁護人の同意事件です。しかし、ありえない犯行現場です。これを確かめない判決は審理不尽を免れないのです。「被告人火傷事件1・2」は、明らかな無罪事件です。

①原判決の認定
原判決「罪となるべき事実」第3の1、2で次のとおり認定します。

まず1は「平成8年2月13日、自宅の正面玄関前夕方より家族が炭火バーベキューをして、スパゲティの湯を大きな鍋で沸かしているところへ、自転車で帰宅した被告人が誤って転倒し、大鍋の湯をかぶり、両下肢等に大ヤケドを負った。同日〜同年3月7日まで入院治療を受けた。第一火災交通障害保険の請求をし、金459万円強の詐欺をした」というものです。

次の２は、「前記火傷により、膝関節等の経度の機能障害を負ったに過ぎないのに、両足関節の機能全廃の後遺障害等を負ったとし、第一生命に７０００万円強の保険請求をしたが、保険会社に認められなかった」という、詐欺未遂の事案です。

②「被告人火傷事件１・２」は明らかに無罪事件です。

「被告人火傷事件１・２」、はあり得ません。これは、考えられない火傷現場における火傷です。何よりも被告人の家の前庭でバーベキューをする十分な空間（約70坪）があるのに、門を出て家の前の細い道路で家族がバーベキューをするということは、それ自体、被告人宅を下見し、被告人との打合せをしておれば、被告人のヤケドが家の前における家族のバーベキューの火に被告人が自転車で過って突込んだということが虚偽であることはすぐに明らかになります。

この点について、家族に聞き合わすと現実に存在しない虚偽の事実であるので、家族の供述が一致しないことは明らかです。

関係証拠として、羽山通子の平成10年10月20日付、司法警察員に対する供述調書１０５１頁によると、羽山通子は、平成7年4月20日、園部１０１４番地の1を林夫婦に７０００万円で売却しました。売った家は、敷地１１０坪、1階40坪、2階17・8坪の家が建っているとのことで、前庭約70坪が空いています。ここでバーベキューをするのであれば、自然ですが、家の前の細い道路でバーベキューを家族ですることなどあり得ないことです。

なお、「被告人の家の南側の道を通って（車で）行くことはできないんですか。はい、自転車とか、バイクとか、歩いてでは通って行けますけど、車では無理です。」（大島みゆき第111回公判調書80～81頁、大島みゆき証言）とあるように、被告人の自宅の正面玄関前は、車でも通れない細い道路で、ここで家族がバーベキューをすることなどあり得ないことです。そして、林健治は、当日、岸和田競輪に出かけており、バーベキューをしていないことは明白です。

林宅の平面図

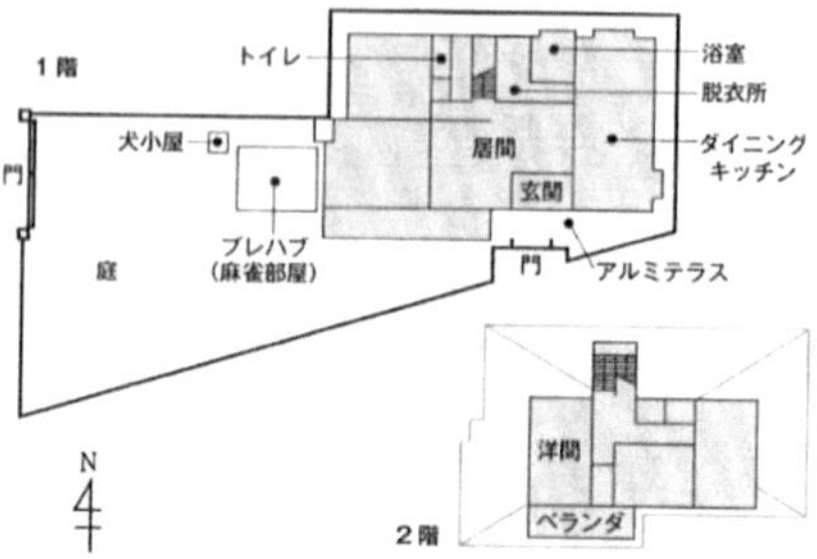

『毒婦』（ビジネス社　田中ひかる 著）
（P41より引用）

③原判決の認定の誤り

被告人が平成8年2月13日、大火傷を負った事案が異なります。被告人火傷の真実は以下の通りです。

　被告人は平成8年2月13日、自宅から東方２００m離れた近所の親しい友人である、羽山通子（夫は羽山武雄で広島の反社会的団体、故人）が、「今着付け教室さんに居るが、自宅に宝石を忘れたので取って来てほしい」と頼まれ、羽山宅に行ったが、玄関はカギが掛っていたので、横の応接間の入り口から家に入り、宝石を持って玄関から出ようとした時、爆風で玄関サッシ等内側に吹き飛び、被告人は両下肢に大火傷を負い、羽山宅はこの日全焼しました。

　被告人は、事実をありのまま公表すると、被告人が羽山宅の放火犯と疑われると思い、同日の自宅前の家族のバーベキューの大鍋の湯に誤って自転車で突っ込んで火傷したことにしました。

④被告人が真実を述べることを阻止する警察
　被告人が火傷の原因の真実を述べ、警察が羽山通子を追及すると、羽山通子は警察官の多数に金品を贈与したことで対抗し、一大スキャンダルに発展する可能性が大です。警察としては、スキャンダルの発生を何が何でも阻止する必要があります。

　羽山通子宅の、羽山通子による放火事件を追及すると、発生する警察官に対する贈収賄罪の一大スキャンダルを未然に防止するため、さらに被告人に完黙させる必要が、この点において

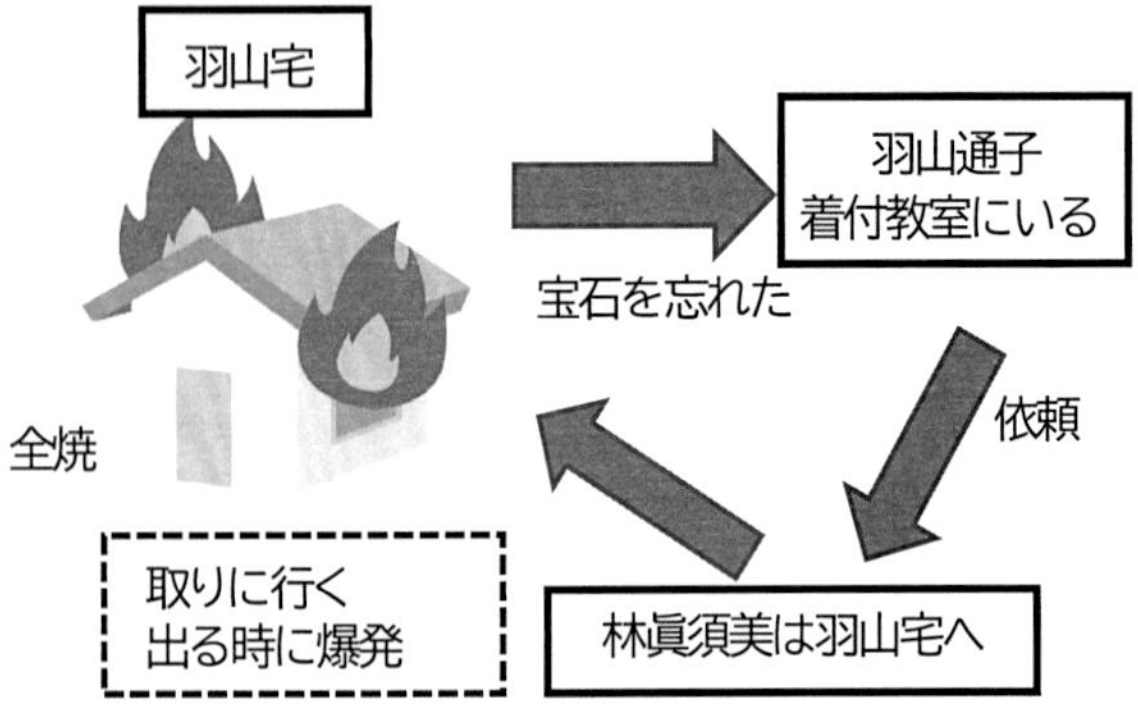

もあるのです。警察は、羽山通子宅の放火の現場に居合せた被告人に、放火犯の追及はしない代わりに、保険金詐欺の犯行は認めさせたい。そのために、被告人に黙秘を続行させるのです。

　警察は、羽山通子を一旦は逮捕し、放火犯の追及はしないことにして、羽山通子に恩を売り、警察官に対する金品の贈与を主張させないこととします。羽山通子の火災保険の請求も黙認します。保険会社には、羽山通子の火災保険より高額の、被告人の保険の返戻及び被告人による保険金の追加請求を阻止するため、保険金詐欺罪で、被告人を犯人に仕立て上げて、保険金の請求をさせないようにします。

　これが警察にとって、警察の一大スキャンダルの発生を防止し、複雑な羽山通子による放火や、火災保険金詐欺及び被告人の殺人未遂、警察官の収賄罪の立証をしなくて済み、省エネの捜査に終わることが出来ます。警察にとって、バンバンザイの方法であるのです。

⑤弁護人と被告人との事件の打合せの欠如

弁護人と被告人と、被告人の火傷の経緯について、綿密な打合せをすれば、被告人の火傷の原因の真実を知ることが出来ます。何よりも現場を見れば、虚偽の火傷現場であることが一目瞭然です。そうすると、羽山通子による被告人を羽山宅放火犯人と仕立て上げようとする工作も知ることが出来たはずです。「被告人火傷事件１・２」は、公訴事実、判決書の罪となるべき事実としては、明々白々に無罪であるのです。

2、真実究明義務違反、類似犯行の集積を欲していた裁判所

このように明らかに、犯行を犯せない現場で、犯行を犯したとする矛盾供述に際して、裁判所は、弁護人の同意がある事件でも、真実を確かめる、真実究明義務があります。本件裁判所は、この真実究明義務を怠った違法があります。

何よりも裁判所は、被告人の詐欺犯行について、類似犯行の集積を欲していました。

そのような裁判所の被告人の類似犯行を欲している態度を知っている弁護人が、裁判所に協力したのが、この「被告人火傷事件１・２」です。

正常な裁判ではあり得ない「同意事件」なのです。裁判所が、被告人の類似事件を喉から手が出るほど欲しがっていることを知っている弁護人は、明らかに無罪事件と解かりながら、無罪を争わず、「同意事件」として、裁判所に協力するのです。

なぜ、自己推薦までして弁護人になった本件弁護人が、どうしてここまで真実を曲げて裁判所に協力するのでしょうか。本件弁護の本質は何なのでしょうか？

第3章　出鱈目判決の原因としての2大主柱を検討する

2大主柱とは、「捜査法が無い」ことと「裁判官の独立が無い」ことです。

第1、「捜査法」を持たない日本

民主主義国家では、公務員のする重要な行為には、法律の根拠があります。当然のこととして、犯罪捜査に関して、捜査の寄って立つ基準となる「捜査法」を持たない民主主義国など、世界のどこを探しても無いはずです。ところが無いはずの国があるのです。それが日本です。

1、犯罪捜査に関する法律によるルールが一切無い日本の社会

皆さんは日本国、日本社会に犯罪捜査に関して、法律による記載、つまり捜査を規制したり、指導する捜査のルールを定めた法律が一切無いことをご存知でしょうか。

犯罪捜査は最も人権と衝突する場面が多いところです。そこで世界中の民主主義を標榜する国において、犯罪捜査を規律する法律、捜査のルール（この捜査に関する法律を以下「捜査法」と称します）を定めた法律を持たない国はありません。

ところが日本国、日本の社会は、犯罪捜査のルールを定めた法律が一切ありません。刑事訴訟法はありますが、これは刑事裁判に関する法律で、捜査のルールについて定めた法律ではありません。

「犯罪捜査規範」と銘打った規則があるではないですか、という人がいるかもしれません。現行の「犯罪捜査規範」と命題されたものは、法律ではなく、国家公安委員会規則です。その上犯罪捜査の準則では無く、警察職員の勤務及び活動の基準としての性質を有する（『新版逐条解説犯罪捜査規範』警察庁刑事局編　東京法令出版株式会社4頁）ものに過ぎません。

2、なぜ、日本には「捜査法」が無いのでしょうか？

作家井沢元彦による日本社会の「言霊（ことだま）」信仰によるのでしょうか。井沢氏は、日本には言葉には実体が必ず伴うという「言霊」という信仰があると言います。コトダマの支配する世界では「かく言えばかくなる、ゆえに予測だろうが、意見だろうが、全部「そうなる」ことを望んでいる」と解釈されてしまいます（井沢元彦著『言霊』祥伝社ノンポシェット97頁）。

捜査は、本来、人権と最も対立が生じる場面です。捜査を規制、指導する捜査に関する法律が民主主義国では、当然存在するはずです。しかし、日本では捜査を規制する法律は存在しません。捜査は捜査機関の良識による善用に依かせれば良いとの考えです。「捜査が悪用される」ということを言い出す人は、「言霊」信仰の社会では、捜査の悪用を望んでいるとみなされ、捜査の悪用を規制する法律が必要であると言い出せないのです。

普通であれば、皆さんが「冤罪が生じた」と聞けば、まず「捜査に関する法律ではどうなっているのか？」、「捜査法のどのような違反か？ 捜査に関する法律のどこに不備があったのか？」と思うことでしょう。

ところがどうでしょうか。これだけ冤罪問題が叫ばれながら、「捜査法」の存在を問題にし、「捜査法」のどこの、どのような違反かを問う人さえいません。異常な日本の社会です。

3、「捜査法」の無いことを嘆く声

日本の捜査は、犯罪捜査の準則、捜査担当者の責任問題等、犯罪捜査に関する事項を定めた法律は無いのです。民主主義国家として、法律による犯罪捜査に関するルールを定めた法律が無いということは、真に恥ずべきことです。

このような捜査がよって立つべき準則の法律を持たず、その上、事後的にも捜査の公開さえなされない日本の社会は、これでも法治国家であるのかと、法治国家制を嘆く声は後を絶ちません（佐藤友之著『法治国家幻想』学友社刊、郷原信郎・森炎著『虚構の法治国家』講談社刊）。

そして捜査機関によって犯人、犯罪行為とデッチ上げられたと主張する書籍は、身近な所にいくらでもあります。例えば『千葉成田ミイラ事件』釣部人裕、高橋弘二、ＳＰＧＦ２０１０年出版、『我が人生、ハザンへの道』室岡克典著（株）室岡克典政治経済研究所２０１７出版、『香川県警の捜査放棄と冤罪捜査２３３回』川上道大著、日本タイムズ出版等です。

捜査のルールを定めた法律の無い日本の社会においては、どのような捜査をしようと、捜査機関の自由であるということになります。捜査機関は、強大な国家権力機関であり、捜査機関が絶対的な権力を行使して行うのは、犯罪の検挙、防止であるべきです。ところが、ただでさえ絶大な権力の行使として、捜査機関の思い通りに捜査を進展出来るのですから、社会的な関心を得たくて、あるいは困難な捜査に替えて、安直な捜査をしたくて、あるいは捜査官が高名を得たくて等のため、時には捜査機関に犯人や犯罪、あるいは双方のデッチ上げの誘惑が生じない、あるいは上層部への追及を止めて、下部の捜査だけに終始するトカゲの尻尾切りの捜査

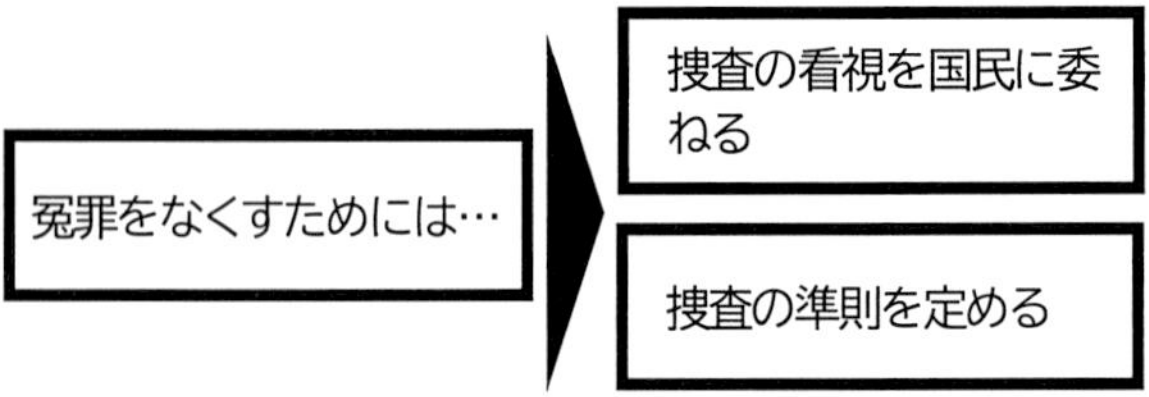
冤罪をなくすためには…
捜査の看視を国民に委ねる
捜査の準則を定める

が無いとは絶対に言えないのです。考えてみると恐ろしいことです。

国民の監視が無ければ、捜査機関自らによって、犯人や犯罪あるいは双方のデッチ上げが行なわれる可能性がありますが、これが日本の捜査の特徴です。これを防止するためには、まず**第一に、世界の多くの国のように法律により、捜査の準則を定める**こと、そして**第二として、捜査を事後的にでも国民に公開し、捜査の監視を国民に委ねる**外に、捜査機関自らによる犯人や犯罪及び双方のデッチ上げを防ぐ方法は無いのです。

法律による捜査の規則が無い日本国において、捜査機関はどのような方向にでも捜査を進めることが可能です。

「和歌山カレー事件」において、どのような捜査の進め方をしていったのか、これからそれを第4章から見て行きましょう。「和歌山カレー事件」の捜査は法律の規制を受けない自由奔放な捜査の典型です。

４　世界の国々が採用している捜査のルールの法制化

ここで世界の国々が採用している捜査の法制化について、概観してみましょう。そして「和歌山カレー事件」の捜査がいかに真犯人確保を怠った捜査であるかを明らかにしましょう。

（１）世界の捜査制度

世界の多くの国では、捜査システムが法律で基準が定められ公開され、国民がそれを知ることができるシステムになっています。それが冤罪を阻止し、民主主義化の最大の制度であると、世界各国では信じられているのです。

世界の多くの国は、捜査は「三段階制度」をとっています。捜査を**（１）初動捜査**、例えば指紋、足跡等現場保存、**（２）本格捜査**、例えば捜査線（犯罪に手口、物件移動経路）等、**（３）取調べ**の三段階に分け、各段階に異なる捜査官を配置します。初動捜査、本格捜査、取調べはそれぞれ別の捜査官が担当するのです。

この点が重要です。それだけではなく、各段階ですべき要件を厳重に法律で定めます。そし

捜査の三段階制度

各段階に異なる捜査官を配置する。

各段階ですべき要件を厳重に法律で定める。

↓

(1)初動捜査、例えば指紋、足跡等現場保存

(2)本格捜査、例えば捜査線(犯罪の手口、物件移動経路)等

(3)取調べ

事後的に国民の請求に応じて、国民に公開されるシステム

↓

初動捜査の怠慢防止	本格捜査の怠慢防止	検証可能

て実際にした捜査を、したくても出来なかったことを記録化します。

このことは初動捜査を手抜きし、あるいは、ほどほどの初動捜査をして、ある一定の見込み捜査により、直ちに本格捜査に入るという、いわゆる見込み捜査を防止することに絶対的な効果があります。初動捜査で犯人が関与した事実が多々あるのに本格捜査でそれを追及しないといった、本格捜査の怠慢も防止されます。しかし、初動捜査が不十分で、これでは本格捜査が出来ないといった、初動捜査の怠慢防止にも役立つのです。

そして、現実の捜査で成し得たこと、成し得なかったこと、以上を記録化し、

捜査後、公表に応じます。

そうすると何が問題で、どこが不十分であったか等々が明らかになり、捜査の問題点が明らかになります。そして、これらすべてのことが事後的に国民の請求に応じて、国民に公開されるシステムになっています。

（2）日本の捜査制度

日本では三段階制度はとらず、鑑識と捜査に大きく二分されており、一貫して同じ捜査官（捜査班）が三段階を担当し、初動捜査、本格捜査は、何よりもAが犯人らしいという、Aの犯人性の発見に重点が置かれ、早々にAを逮捕して取調べ、自白を得て、その後、裏づけ証拠を得る、日本の捜査構造では、自白を得ることに重点があり、初動、本格各捜査に独自の意義は乏しい、ということになります。

何よりも「捜査の秘密」の名の元に、捜査の基準が事前に明示されることは無く、捜査内容は事前は元より、事後においても国民に公開され

日本の捜査

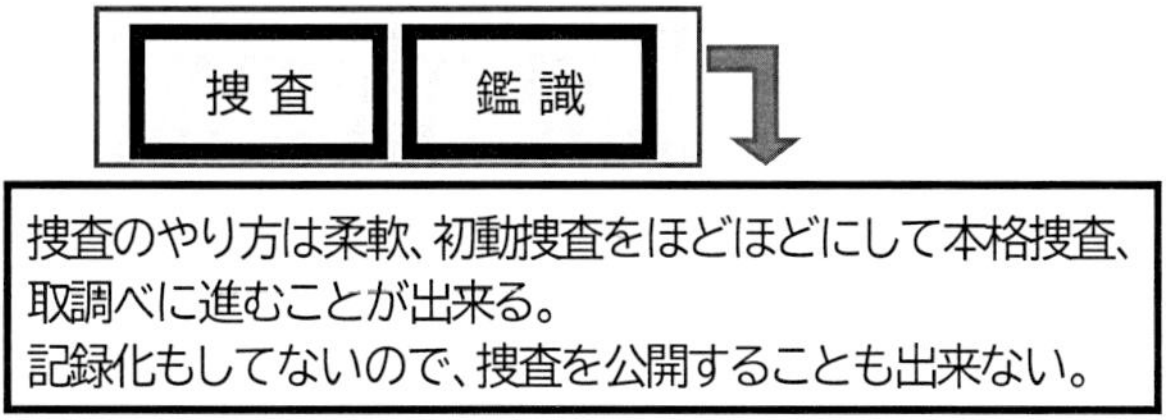
捜 査
鑑 識
捜査のやり方は柔軟、初動捜査をほどほどにして本格捜査、取調べに進むことが出来る。
記録化もしてないので、捜査を公開することも出来ない。

ることはありません。

このような捜査構造のため、捜査のやり方は、見方によっては、柔軟で初動捜査をほどほどにして本格捜査、取調べに進むことが出来るし、記録化もされていないので、逆に言えば、捜査を公開することも出来ません。何よりも問題は、捜査に関する規制がないに等しいことから、捜査機関により、犯人が犯罪行為及び双方のデッチ上げが、容易であることです。

このような日本の捜査の特異性について、まず外国人から異議が出された。１９８９年シンガポールの警察幹部ジェフ・トゥ・イーチンは、日本の警察大学校国際捜査研究所等において、約６ヶ月間外国上級警察幹部研修に参加し、日本の捜査の国民に対する秘密主義に驚いたのでしょう。警察の雑誌、警察学論集43巻44頁以下に「日本の刑事警察制度、シンガポール警察幹部の見た日本の警察」を登載しました。これによって、捜査の三段階が世界で公認されていること、日本の秘密主義との大きな違いが知れ渡ることとなりました。

第2、「裁判官の独立」がない

1、裁判官の統制方法は糧道を断つこと

皆さんは、「裁判官は外から干渉を受けて思い通りの裁判が出来ないことがあるだろう」と思ったりはしませんか？　また、「裁判官があることに気を使って、自主的に自分の真意を曲げて、裁判をする状況にあるだろうか？」ということを考えたりはしませんか？　「裁判官が気を使う相手はどこだろうか？」と考えたことはあるでしょうか？

政府ですか。最高裁でしょうか。社会的勢力のある団体に対してでしょうか。相手方でしょうか。

実は裁判官は気を使って、その顔色を見ながら判決をしています。その相手は、最高裁です。裁判官が極度に、最高裁に気を使うようにしなければならないように、法律制度的に仕組んでいます。**日本の裁判制度には、真の裁判官の独立はありません。**その方法は、古い言葉で「糧道を断つ」ということです。つまり、裁判官の給料で、最高裁が思うように統制、制限すると

いう方法を、最高裁は法律上とることが出来ます。

最高裁判決に反対の裁判をする裁判官、最高裁が望まないことを平気でする裁判官に対しては、給料をチェックして、給料が上がらないようにして、最高裁に従わせる法律上制度的な仕組みが出来上がっているのです。

「和歌山カレー事件」のように、「和歌山カレー事件の判決を書いてきなさい」と最高裁に勤務していた裁判官が、和歌山地裁刑事部の右陪席に命じられたのに、無罪の判決を書いたりは出来ません。この裁判官は何が何でも有罪の死刑の判決を書かざるを得ないのです。

このように最高裁は裁判官を給料という方法で、実は極めて強力に統制しています。裁判官に独立は無いのです。

これからその方法を以下具体的に述べましょう。

2、裁判官統制の具体的方法

その方法を具体的に、詳細に述べた日本で唯一の本があります。『最高裁に「安保法」違憲判決を出させる方法』生田暉雄著　三五館刊２０１６発行）です。この本の題名が必ずしも適切ではないので、以下では「裁判官統制法」とさらに略して「本」と称することにします。

この本の第３章、「最高裁はこうして統制、支配する」（78頁から）から、「第４章　最高裁がひた隠す裏金問題」（１２４～１６２頁まで）までで、詳細に給料による最高裁の裁判官統制の方法が論及されています。

この本の特に最高裁に対して、裁判官の給料統制に対する公文書開示請求や、その不開示に対する１０１名の市民と伴に、東京地裁から最高裁までの開示請求訴訟等は、業界通にとってはある種の圧巻でもあります。是非ご一読願いたいと思います。


この本は裁判官の独立に関して論じた唯一の本です。日本では、それぞれ１０００名を超す、憲法学者、刑事法学者、刑法学者や民法学者、民事訴訟法学者が居ます。しかし誰一人として、裁判官に独立が無いこと、その原因は、最高裁による給料統制による、最高裁の裁判官統制によることを論じた者は居ません。

日本の民主主義の限界です。情けない日本の民主主義の実態です。

裁判官に任官して、10年までは判事補という地位です。10年目から判事となります。「裁判官の報酬等に関する法律、（昭和23年7月1日公布）により、裁判官は「報酬」、つまり「給料」を受けます。判事の報酬は8号から1号まであります。その上は、東京高裁以外の高裁長官、東京高裁長官、最高裁判事、最高裁長官の4つの地位です。

裁判官に任官して20年目に判事の4号報酬に達します。4号報酬から3号報酬になるには、最高裁に好まれなければなりません。多くの人は、最高裁に嫌われなければ、裁判官は4号から3号になれると考えているようです。

しかし、「嫌われない」程度を越えて、「好まれる」必要があるのです。「嫌われない」程度を越えて、身をすり寄せて、最高裁に好まれる状況に持って行く必要があるのです。そうでなければ、21年目に早々に4号から3号にはなれません。

『犬になれなかった裁判官』（日本放送出版協会２００1年）という本で、安部晴彦元裁判官は、4号から3号になるのに、早い人では1年であるのに、5年半を要したと書かれています。5年半でも良い方かもしれません。10年を要し、あるいは裁判官在任中ずっと4号のままという裁判官も居ます。実態は、最高裁が情報開示をしません。それで詳しい実態は解からないのです。最高裁だけが実態を把握し、裁判官の統制に使っているのです。

以下に、具体的に書きます。

〔3号にならないと裁判長にはなれない〕

３号以上でなければ、裁判長にはなれません。その事情も裁判官に与える影響は非常に大です。裁判官は通常、だれしも少なくとも裁判長で活躍し、仕事をしたいと思っています。それが一生、裁判長にもなれないということになれば大変です。そこで裁判官に任官して、そのころから最高裁に好かれる裁判官になるよう、多くの裁判官は努力します。

〔給料格差の影響は大きい〕

手元に令和４年（２０２２年）の報酬俸給表がありますので、本書ではその資料を紹介します。それによりますと、４号の月額が８１８，０００円、３号の月額が９６５，０００

3　裁判官の報酬等

裁判官・検察官の報酬俸給表　（令和4年4月1日現在）

裁判官			検察官		報酬 俸給 月額	初任給調整手当
最高裁判所長官					2,010,000	
最高裁判所判事			検事総長		1,466,000	
東京高等裁判所長官					1,406,000	
その他の高等裁判所長官			東京高検検事長		1,302,000	
			次長検事・その他の検事長		1,199,000	
判事	判事補	簡裁判事	検事	副検事		
1			1		1,175,000	
2			2		1,035,000	
3		特	3		965,000	
4		1	4		818,000	
5		2	5		706,000	
6		3	6	特	634,000	
7		4	7	1	574,000	
8			8	2	516,000	
		5		3	438,900	
	1	6	9	4	421,500	
	2	7	10	5	387,800	
	3	8	11	6	364,900	
	4	9	12	7	341,600	
	5	10	13	8	319,800	19,000
	6	11	14	9	304,700	30,900
	7	12	15	10	287,500	45,100
	8	13	16	11	277,600	51,100
	9	14	17	12	256,300	70,000
	10	15	18	13	247,400	75,100
	11	16	19	14	240,800	83,900
	12	17	20	15	234,900	87,800
				16	223,600	
				17	215,800	

0円で、3号になるとならないとでは、月額15万円違います。年額180万円の違い、夏冬のボーナスの外、期末手当、都市手当、出張手当等全てさらには退職金、年金、恩給等全て、3号か4号かで大きく異なります。さらに4号のままと、1号とでは月額357，000円の違い、年額4、284，000円の違いとなり、これに年2回のボーナス、期末手当、都市手当等で大きく異なります。それに年金等全て報俸を基準にします。生涯所得の差としては、4号で終わるのと、1号で終わるのでは何億という違いが生じます。

〔「裁判官の報酬」は最高裁が決める〕

「裁判官の報酬に関する法律」の第3条は、非常に大きな意味があります。即ち、「各裁判官が受ける報酬の号または報酬月額は最高裁判所が決める、と、最高裁の裁量が最大限に認められるのです。ある意味、最高裁は〔やりたい放題〕ともいえます。

実際に最高裁が裁量のターゲットにしているのは、3号以上の裁判官です。4号までは、いわば機械的に定期昇給した報酬を受けています。任地、職務などによって、差別的な処遇を受けることはあっても、給与そのものについては、経験年数に応じて、ほぼ同列の扱いになっているのです。

しかし、4号から3号に上る段階で差が出てきます。通常は、任官から21年経つと3号に上がるのですが、人によってはそれより1年経っても2年経っても10年経っても上がらないというケースが出てきます。

『犬になれなかった裁判官』の著者、安倍晴彦さんは、同期の最初の昇給時期から5年半も遅れて3号になったと述懐しています。3号になったからといって安心してはいられません。一向に2号に上がらない裁判官が次々と出てきます。

徳島地裁時代に「徳島ラジオ商殺人」の再審を開始した当時の安藝保壽裁判長が「私は3号からなかなか上がらないんだよね。同期はみんな上がっているのに、学校は自分の方が良い学校を出ているのに」と私に嘆いたごとくです。

私自身は3号になってからすぐに退官したので、その悲哀は味わっていないのですが、そのまま裁判官でいたら、どうなっていたかわかりません。ずばりいえば、最高裁は報酬月額ランクにおける3号以上に該当する裁判官、つまり任官から21年経過相当の裁判官について、最高裁の意向に積極的に協力する度合いに応じて決めているのです。これは「裁判官の報酬等に関する法律」の悪用といってよいでしょう。

〔意に沿わなければ糧道を断つ〕

昇給の実態をざっと示せば、次のようになります。

任官から20年を経て、21年目に当たる4号の裁判官のうち、約3分の1（21年目の裁判官が90人いるとして、そのうちの30人）を最初の21年目に3号に上げます。22年目の次の30人を3号に上げます。残りの30人は、3年ないし10年内に順次上げ、5人ほどは終生3号にはならず4号のままとなっています。

3号、2号についても、それぞれ2年後ごとに、4号から3号に上げるのと同様の方法を取って、2号、1号に上げています。

つまり、最高裁にもっとも従順で積極的に協力する裁判官が1号の裁判官になり、地裁の所長になり、そして全国8ヶ所の高等裁判所長官、さらには最高裁判事になるというしくみです。

なお、裁判官報酬3号以上でなければ、合議体の裁判長にはなれません。このことは先に論じた通りです。裁判所内における会合等の座席は、裁判官報酬号、1号からの順位となるので、誰が何号かお互いにほぼわかります。しかし、1年後2年後にその席順がどう変わっているのかは、だれにも予想できません。

予想できるのは、最高裁事務総局だけです。その実質的な基準が、最高裁に従順であるか、積極的に協力する意思があるか否かなのですから…。たとえば、最高裁の判決を否定するような再審決定の判決を出したとすると、順位は下がっていきます。順位が下がるということは、他の裁判官が上の号にどんどん進んでいるのに、自分だけが同じ号のまま止まっている状況です。そのことにより、相対的に報酬月額のみならず、ボーナス、都市手当、退職金、年金等生涯所得にも大きな差がつきます。

裁判官にも、会社員のボーナスに当たる期末手当や都市手当が出ますが、期末手当も都市手当も報酬月額を基準とするので、自ずと年収に大きな差が出るというわけです。さらに退職金や年金なども含めて、生涯収入で計算すると、何億円を超える差にもなってくるでしょう。

この状況こそが、いわば「糧道を断つ」という方法なのです。最高裁の意に沿うか沿わないか、言い換えれば「ヒラメ裁判官」になるか、「良心に従う正義の裁判官」になるかで億単位の差が出るとしたら、正義の裁判官を選択しづらいのが人の本音なのかもしれません。

本来、「裁判官の報酬等に関する法律」に「裁判官の受ける報酬の号は、最高裁がこれを定める」とあるのは、恣意的運用を許すためなどではないはずです。

3号に必要な要件があるのであれば、その要件を明文化しそれに該当する4号者を3号に上げると規定すべきであり、その基準を裁判官に公表するのが筋でしょう。
しかし、そのような公正な手段をとったのでは、裁判官を最高裁の統制に服従させることができません。そのため、3号該当者基準を明らかにせず、裁判官が最高裁の顔色を窺うような仕組みにしたというのが実情なのです。

筆者は、2009年（平成21年）4月に最高裁に対して、また同年7月に会計検査院に対して、この「3号問題」を含めた情報公開を求めましたが、両方とも結果的にはゼロ回答です。
また、2007年8月に上梓した拙著『裁判が日本を変える！』（日本評論社）でも、この問題を詳しく書きましたが、それに対する最高裁からの異議もまったくありません。同時に驚くことは、**会計検査院は最高裁の裁判官に対する報給の会計検査は憲法開始以来一度もしたことが無い**という事実です（同書146頁～149頁）。

〔「裁判官の報酬等に関する法律」の特異性〕
人間社会において、相手方を困らせて意のままに動かす最も効果的な方法は、相手方の糧道を断つことです。裁判官にとっての糧道は、その仕事による報酬です。

裁判官の報酬については、「裁判官の報酬等に関する法律」（昭和23年7月1日公布）で定められています。全文11条のきわめて簡略な法律です。同法には、裁判官が受ける報酬の号、または報酬月額は、最高裁が定めると規定しています。（第1～3条、11条）。要するに、どの裁判官が何号のランクで、いくらの月額報酬を受けるかは、すべて最高裁（事務総局）が決めてよいというわけです。

第1条　裁判官の受ける報酬その他の給与については、この法律の定めるところによる。

第2条　裁判官の報酬月額は、別表による。

第3条　各判事、各判事補及び各簡易裁判所判事の受ける別表の報酬の号又は報酬月額は、最高裁判所が、これを定める。

第11条　裁判官の報酬その他の給与に関する細則は、最高裁判所がこれを定める。

同じ公務員でも、国家公務員法が適用される一般職（裁判官は特別職国家公務員）の報酬については、「一般職の職員の給与に関する法律（昭和25年4月3日公布）によって、細かく定められています。こちらの法律では、客観性を有する第三者機関、すなわち人事院が俸給表の適用範囲など、細かな実施基準を決めることになっています。法律の条文も、裁判官の場合と違

最高裁による裁判官の統制方法

(1)3号にならないと裁判長にはなれない

(2)給料格差の影響は大きい

(3)「裁判官の報酬」は最高裁が決める

(4)意に沿わなければ糧道を断つ

(5)「裁判官の報酬等に関する法律」の特異性

って全25条ですから、かなり詳細です。「裁判官の報酬等に関する法律」は、最高裁が意のままに報酬を決めることができる特異な法律といえるのです。そのため、この法律で最高裁は裁判官を統制することが出来るのです。

以上でお解りのように、日本の裁判官に「裁判官の独立」はありません。裁判官が政府や行政に厳しい裁判をすること、たとえば、原発に厳しい裁判をすることは、回り回って最高裁から良く思われない裁判官ということになります。

捜査機関に対する厳しい態度で臨み、無罪裁判を多く出すことも同じです。

諸外国では、最高裁が裁判官を統制しないように、最高裁の構成や裁判官を最高裁が一元的に管理しない等を含めて、種々の工夫をしています。ところが日本ではこれとは逆に、政府が裁判官を統制しやすいよう、最高裁判事の任命は政府に一元化します（詳しくお知りになりたい方は、木佐茂男著『人間の尊厳と司法権』（日本評論社）をご一読ください）。そして、最高裁が一元的に裁判官を管轄します。そして「裁判官の報酬等に関する法律」で裁判官の報酬は最高裁が定めるとして、報酬を通じて裁判官を統制するのです。

日本の社会は、世界で存在する「独裁」国家のような独裁制ではありません。表向きは「民主主義」国家を標榜しています。独裁国家と違い、この緻密は統制を国民は見破る能力が要求されます。それが出来ないと表向きは「民主主義」国家ですが、真実は「独裁」国家、それも超独裁国家なのです。日本国民は、真の民主主義国家に日本がなるためには、冤罪の一つを取っても「裁判官の報酬等に関する法律」にまでたどり着き、裁判官が給料を通じて最高裁に強力に統制されていること、裁判官の独立が無い、「民主主義」国家であることを見抜く必要があります。

「民主主義」を標榜する国家において、真の民主主義を享受することは、真に容易なことではありません。「和歌山カレー事件」の冤罪は、日本国民が真に民主主義国家の実現を願っているか否かを試されている試金石です。

「和歌山カレー事件」の対応を通じて、日本の真の民主主義国家の実現しようではありませんか。

「和歌山カレー事件」において、無罪事由がこんなに多くあるのに、なぜ裁判官は無罪の判決をしないのか？　多くの人はそのようにお思いのことと存じます。その理由が以上に述べた最高裁による裁判官の統制にあるのです。

無罪の心証を得た裁判官が、そのまま無罪の判決をするとは限らないのが、日本の裁判です。これでは、有罪のために裁判はあると言っても過言ではありません。このような不合理を無くすため、最高裁による裁判官の給料の統制を止めさせなければならないのです。裁判官が独立していない事情の最大の理由である給料の統制については、以上のとおりです。

第二次世界大戦の日本の敗戦直後の日本の社会の超混乱期にあっては、裁判官の統制が必要な時期があったことは、常識として理解可能です。その意味で、昭和23年公布の「裁判官の報酬等に関する法律」も当時としては必要であったと考えられます。しかし、敗戦後70年を経て、「裁判官の報酬等に関する法律」はその弊害の方が大である状況になってきました。

少なくとも「公務員法」「一般職の職員の給与に関する法律」と同様に人事院等公正な第三者機関が、細かな実施基準を定めて、公正適正な運営する方式に改めるべきです。３号、２号、１号の要件も明確に定めるべきです。

このような適正な要件を欠いた現行「裁判官の報酬等に関する法律」は憲法違反とすべきでしょう。先に紹介した木佐茂男著『人間の尊厳と司法権』を是非とも一読されるべきであると再度ご紹介いたします。

このように、現在日本の社会は、国家による情報管理の強大な国です。

３、世界の民主主義国家の傾向と全く逆の方向を行く日本

世界の民主主義国家は「捜査法」を制定し、「裁判官の独立」を確保することに勤めています。ところが日本は、この世界の民主主義国の真逆の方向をそれも勢いよく歩んでいます。

日本が経済に関する諸焦点、その他の世界の指標のランキングにおいて、ここ数年著しくそのランキングを落としています。この唯一の原因は、国家による情報管理が強大過ぎることにあります。国民が情報過疎に置かれ過ぎていること、国民が情報を有効利用出来ない状況にあ

ることが原因です。

　この国民の情報過疎の状況を早急に改善しなければ、日本は世界の劣後国に増々なっていくことでしょう。

第4章　出鱈目判決の原因としての3支柱を検討する

出鱈目判決の原因としての3支柱とは、「捜査法」が無いことから、第1にマスコミは捜査に関して、捜査機関により、報道規制を受け、捜査機関の流す情報だけを受け流すことしかできません。第2に、捜査機関が自由勝手な捜査をしているので、弁護人もこれに習って、死刑事件を食い物にして、真の無罪事件を弁護せず、冤罪を助長します。第3に、「捜査法」が無いことから、真の任侠道といった、人間の生き方の自由の一方法を取ることを不可能にし、全て暴力団として捜査機関の対象とされます。

この3点を3支柱として、出鱈目判決の原因として検討します。

第1、報道機関は犯罪捜査に関して独自の取材をなぜしないのか?

1、マスコミが独自取材をすることは、簡単に出来そうで実は非常に困難

「捜査法」の無い日本国では、捜査はどのような方向、内容でもやりたい放題です。「和歌山カレー事件」では、事件直後に解剖した正規の解剖結果等を、捜査、訴追側は、死亡した4人の死因の証拠を裁判に提出しません。

マスコミが独自の取材で解剖を担当した医師に当って取材しておけば、捜査、訴追機関が仮に、解剖結果等を裁判に提出しなくても、別のルートでマスコミは解剖結果等を入手しており、それを情報として流せば、弁護団は利用できるので、なんら困ることはないのではないでしょうか？　どうしてマスコミは、独自の取材をしないのでしょうか？　とお思いの方もいらっしゃるでしょう。

捜査段階において、マスコミが独自の取材をすることは簡単にできそうで、実は非常に困難な事なのです。その理由の最大の根拠はここでも「捜査法」が無いことにあります。

え！　どうしてですか！とお思いでしょう。

独自取材をして、それを公表するマスコミに対して、捜査機関は、「そのようなことをするのなら、お宅には捜査機関は一切情報を提供しません！」と情報提供を断られます。

「捜査法」が無い社会において、捜査機関からの情報提供を絶たれると、マスコミはその事件の捜査の情報を一切得られなくなります。捜査がどちらの方向に向いて、どのような内容で、いつ、どこで、何をしようとしているのか一切解らないからです。「捜査法」が無い日本では、マスコミは警察から流される情報をそのまま流す以外にはないのです。犯罪捜査情報に関しては、マスコミは世の中の第4権力として本来の機能を全く発揮できないのです。
マスコミの独自取材は、特定の一件限りなら出来ても、その後一切の情報を捜査機関から得られることが出来なくなれば、マスコミとしても業務が干上がってしまいます。

「和歌山カレー事件」でも、マスコミ独自取材が可能なら、解剖結果等だけでなく、死亡した4人の親族の取材、保険金詐欺に関して泉克典の取材、園部第14自治会の婦人部長である、大島みゆきに対する独自取材、各病院の各医師の独自取材等出来ておれば、そもそも「和歌山カレー事件」そのものが「事件」として発生していないでしょう。

このように「捜査法」が無い日本社会においては、捜査機関はどのような方向、内容にも自由に捜査できるだけでなく、マスコミの捜査に関する情報統制まで出来るのです。
民主主義を標榜しながら、最も民主主義に不可欠の「捜査法」を作らない理由の一端が国家統制のサイドからお解りいただけたかと思います。日本を真の民主主義社会にするためには、その意味で一刻も早く「捜査法」を制定する必要があることも、国民のサイドから急務であることもお解りいただけたことと信じます。

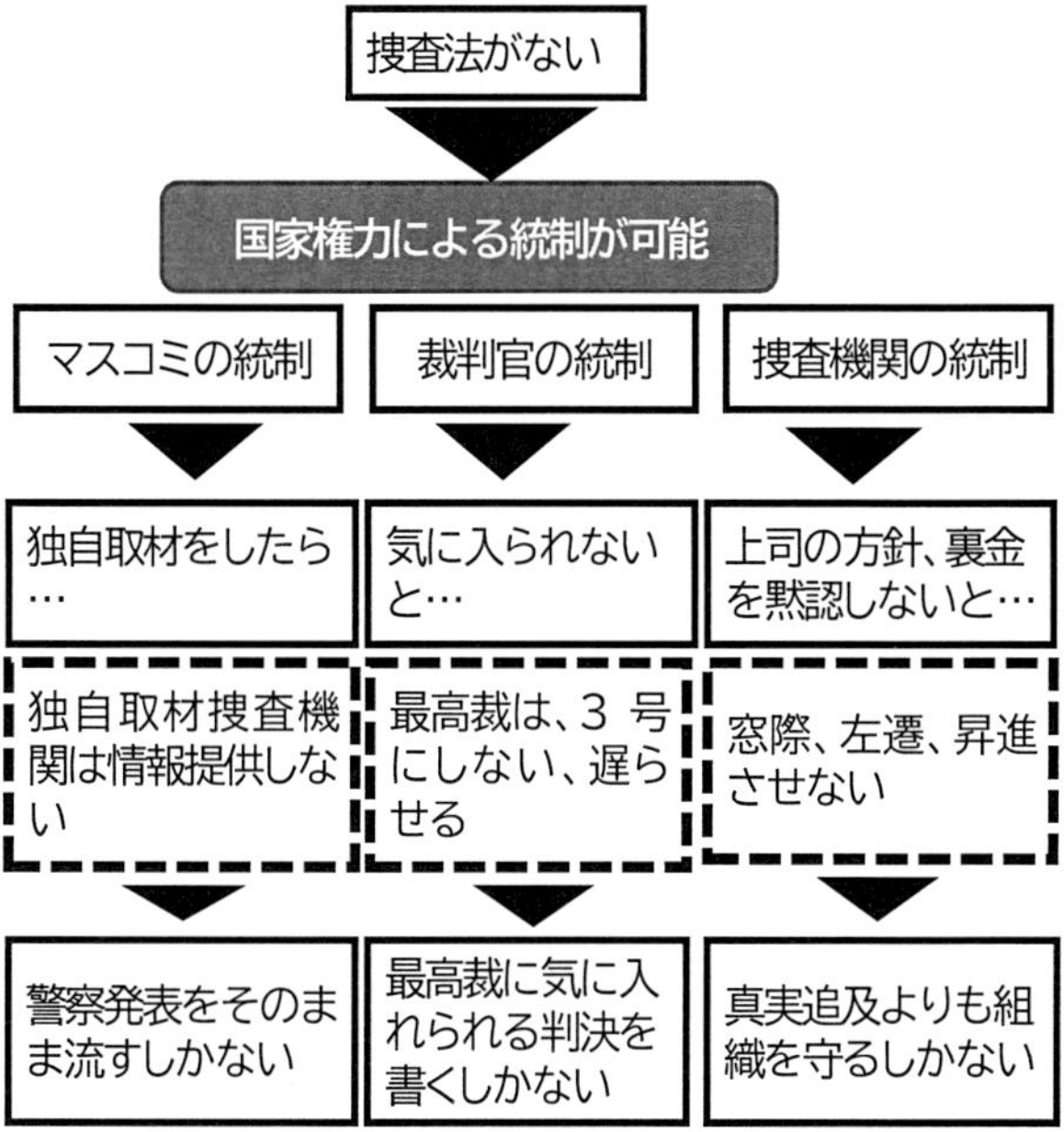
捜査法がない
国家権力による統制が可能
マスコミの統制
裁判官の統制
捜査機関の統制
独自取材をしたら…
気に入られないと…
上司の方針、裏金を黙認しないと…
独自取材捜査機関は情報提供しない
最高裁は、3号にしない、遅らせる
窓際、左遷、昇進させない
警察発表をそのまま流すしかない
最高裁に気に入れられる判決を書くしかない
真実追及よりも組織を守るしかない

独裁者国家と、民主主義を標榜する国家では、その統制の仕方が異なるのです。民主主義を標榜する国家では、統制の役割を担う主体が複数存在します。「捜査法」を作らずに捜査機関が、犯罪捜査、時によっては冤罪まで作り出して統制します。捜査に関しては、マスコミまで統制するのです。

裁判官の独立を実質的に認めなくするために、最高裁は、裁判官の給料支給を通じて、強力に裁判官を統制します。

民主主義を標榜とする国家による

統制は、緻密で隠微、複雑で一見しただけでは、統制の有無さえ解らないような体制をとっています。

民主主義を標榜する国家において、真の民主主義を実現し享受するためには、この難しい統制を打破しなければなりません。「和歌山カレー事件」では、民主主義を標榜する日本国において、捜査機関、最高裁による統制の一端が露呈しました。

「和歌山カレー事件」の冤罪を追及することで「捜査法」を作らずに、捜査機関による犯罪捜査による統制、マスコミの統制、最高裁による裁判官独立の統制を打破しようではありませんか。

第2、「捜査法」が無い日本社会の弁護のあり方

1、マインドコントロールに踊らされるだけの弁護、裁判

前述したように、日本には民主主義国と称していることに反して、犯罪捜査の方法、制度、指導概念、責任の所在、根拠、捜査の規制、公示、公開といった犯罪捜査に関する事項につい

て、定めた法律が一切ありません。

そのため、捜査機関（警察、検察）は、どのような捜査方法でも、自由に取ることができます。真犯人を逃して、無辜の第三者を犯人にデッチ上げることさえしようと思えば出来る恐ろしい社会です。捜査機関は、デッチ上げの冤罪を行なった場合、同時に弁護、裁判、マスコミ、国民に対するマインドコントロールを同時に施します。

そこで、刑事裁判における刑事弁護や裁判官は、捜査、訴追側のする訴訟行為に対応、対決しているだけでは、冤罪事件の弁護、裁判としては、全く不十分ということになります。捜査、訴追側のする訴訟行為に対応、対決しているだけでは、捜査、訴追側の施すマインドコントロールに躍らされているだけということになります。

「和歌山カレー事件」の弁護、裁判が正に、このマインドコントロールに踊らされた弁護、裁判です。

2、「捜査法」の無い日本の刑事裁判における、あるべき刑事弁護

(1)「捜査法」が無い日本での刑事弁護

「捜査法」が無い日本では、捜査機関はやりたい放題です。その気になれば、冤罪やトカゲの尻尾切り等なんでも出来ます。またマインドコントロールも施します。重要な証人に対する隔離や、居場所を隠すこともお手のものです。

捜査がしたい放題といっても、どうしても動かし様がない証拠や、採るべき捜査方法を取らざるを得ない事態があります。これを追求するのが、「捜査法」が無い法廷での弁護活動です。

殺人事件における解剖結果、死亡診断書、死体検案書は動かし難い証拠です。そこで刑事弁護では、冒頭陳述（冒陳）や論告で、解剖結果等がどのように扱われるかに注意します。「和歌山カレー事件」の冒陳では、解剖結果等は出てきません。証拠となってないことを意味します。論告では解剖結果等の代替証拠が出てきます。

あるべき刑事弁護の第一は、この解剖結果等、動かし難い証拠がどのように扱われるかを知り、これを追求することです。解剖結果等が証拠として提出されていない場合、その理由根拠を徹底的に追求します。ところが「和歌山カレー事件」の弁護では、この解剖結果等が証拠として提出されていないのに、弁護人は何らの弁護方法も採っていません。「求釈明」（訴訟当事者の主張の中に意味が不明確、曖昧な箇所がある場合に、相手方や裁判官が、その内容を明確にするよう求めること）でその理由を追求することもしていません。これでは弁護人が存在しないのと同じことです。「和歌山カレー事件」の裁判は弁護人の実質的不存在を理由に、初めからやり直すべきです。

訴追側は、解剖結果等を提出しない代わりに、解剖結果等の代替証拠①として、平成10年10月7日付の死亡した4人の死体検案書を、②として、平成10年12月24日〜29日付の4人の医師の検面調書を提出します。この点は先に論じたとおりです。弁護人はこの代替証拠①②のいずれも同意して一切争うことをしません。

ただでさえ、捜査段階で論及したように、虚偽公文書等の外、医師法違反等の犯罪文書です。当然証拠には不同意とするだけでなく、**正規の解剖結果等の提出を要求、代替証拠の問題点を徹底的に争うべき**です。そうして、なぜ代替証拠を作ったのか、そのいきさつを追求すれば、捜査側が犯罪の通報を受けたいきさつ、青酸化合物殺人の捜査線を放棄したいきさつ、真犯人の追求を諦めたいきさつ等を追求できます。このような弁護をするのが、無罪を主張する被告人の真の弁護活動です。

「和歌山カレー事件」の一審の弁護人は、その弁護活動を全く放棄しているとしかいえない弁護活動で、重大な背任罪に該当する犯罪を犯しているといえるものです。

（2）死刑を食い物にする弁護士

「捜査法」が無い日本では、捜査機関はどのような捜査方法でも採ることができます。このことは捜査機関にとって、一種の緊迫感の無い状態です。何をしても規制に触れることが無いからです。

捜査の一種の緊迫感が無い状態は、捜査機関だけで終わるわけではありません。弁護側にもある種の緊迫感の無さは影響します。捜査がやりたい放題しているのだから、弁護も少しは自由にやらせてもらっても良いのではないか、ということです。それが弁護活動に集中して、必死で弁護活動のみをするのではなく、死刑事件を食い物にする弁護人という、弁護士活動を真面目にせず死刑事件を金儲けにする弁護士を生み出します。

死刑制度下で、死刑事件の被告人なっている人から、その弱みを利用して、更に詐欺、横領をするという、人間としてはやってはいけない事を弁護士という肩書きを使ってする、もっとも卑劣な行為をする弁護士です。

死刑事件ともなれば、日本全国選りすぐりの優秀な弁護士がついていることと皆さんはお思いのことと思います。

ところが全く正反対もあるのが人間社会です。死刑囚の置かれた、自己弁護も全くできない、劣悪な状態を食い物にする、つまり死刑囚を食い物にする弁護士が世の中にいるのです。それも表向きはりっぱな肩書きを有しながら、実質は死刑囚を食い物にしている弁護士です。このような弁護士に捕まると、弁護士自体が、被告人が死刑になることを望んでいるので、まともな弁護活動はしてくれません。まともな弁護活動をしていないばかりか、被告人の財産を目当てに不当な詐欺、横領までします。

残念なことに、「和歌山カレー事件」の被告人は、このような弁護士に捕獲されてしまっているようです。

3、死刑を食い物にする弁護士の手口

以下では、死刑を食い物にする弁護士の手口を詳細に検討したいと思います。

まともな弁護を受けずに、死刑判決（冤罪）になることは、目に見えています。冤罪の協力者ともいうべき、このような死刑を食い物にする弁護士が存在しないようにするのが、日弁連の大きな仕事です。

本来では明らかに無罪となる事件でさえ、弁護人が成立を争わないとして有罪にしているのです。死刑事件を食い物にする弁護士に捕まってしまった被告人です。

本件において、被告人は真剣に、冤罪事件を争う弁護士ではなく、死刑事件を食い物にする弁護士につかまってしまったようです。本件弁護士が本当に真剣に事件が冤罪であると争っていれば、前述してきた通り、いい加減な本件捜査ですから当然に冤罪性を暴露できたはずです。

一審の弁護士7人は、被告人既知の弁護士ではなく、自己推薦をしてきた弁護士を被告人が選任した弁護士です。7人の着手金は、合計2000万円と林眞須美氏は述べています。二審の弁護士は一審と同じ弁護士で、ここでは国選です。上告審の弁護士は、一審と同じ、被告人は既知ではなく、自己推薦の弁護士で、被告人が選任した弁護士です。

(1) 被告人の主張

筆者は、令和4年6月1日付で、被告人林眞須美から、日弁連に重大な人権救済の申し立てが提出されたことを知りました。なお、日を追って、懲戒申し立て、犯罪告訴、告発の申立も同時にされているとのことです(被告人本人弁)。そして、令和4年6月9日付で、甲、乙、丙に対して、民事の損害賠償の訴えを提起しました。いずれも横浜地方裁判所に対してです。

内容は、一審、二審の弁護士甲、乙及び上告審の弁護士丙の３人に対する犯罪事実です。いずれもフルネームで所属弁護士会も明記された適正な申立書です。ここでは、さすがに本名を避けることにします。

被告人の申立によると、３人の弁護士は、被告人が死刑に処される事を見越してか、死刑に処されることを願って、とんでもない犯罪事実をそれぞれ犯しています。

これが事実であれば、弁護士制度の根底からの否定になります。日弁連としては、真偽不明等で、あいまいに処理すべきでは無く、徹底的に真偽を明らかにすべき事案です。甲、乙、丙はいずれも、被告人の既知の弁護士ではなく、自己推薦で被告人が選任した弁護人。弁護団での地位も、最重要地位の弁護人たちです。

そのような重責の弁護人が、被告人が死刑に処されることを見越して、重大な犯罪を犯したとする主張です。そのような弁護人が、被告人が主張する無実を真剣に弁護したとは到底考えられません。被告人の主張内容は、以下の通りです。

①被告人の主張の甲の犯罪事実について

被告人は、平成10年頃、和歌山市マリーナミライの近くのリゾートマンションを購入するため、手付金約７００万円を契約入金していました。ところが甲は、被告人が委任もしていないのに、弁護の必要等の名目で、勝手にこの７００万円を下ろし詐欺、横領したという事件です。民事の損害賠償は８００万円の請求です。

②乙の同様の犯罪事実について

被告人は、夫健治の名義で１０００万円を「きのくに信用金庫」に逮捕直前頃に入金していました。ところが乙が、自ら「きのくに信用金庫」に行き、弁護の必要性を主張して、被告人や健治の委任状も無く、勝手に１０００万円を下ろして詐欺、横領した犯罪です。健治はその後、２〜３年に亘って、「きのくに信用金庫」に１０００万円の返還を請求するが、同金庫は適正に出金されていることを主張して、これに応じません。民事の損害賠償は、１０００万円の請求です。

③丙の同様の犯罪事実について

この事実を被告人が知ったのは、令和４年になってからです。「和歌山カレー事件」の被告人を支援する会の事務局長であった、石谷友輝夫氏を、丙は勝手に事務局長から解任し、同人の保管していた銀行口座預金を不正に入手した詐欺、横領事件です。被告人は、丙から長女に多額の同口座預金が渡されているものと思っていました。ところが、長女に一銭も渡っていなかった。長女に同口座預金が渡っていれば、長女夫婦が金銭のトラブルを起こし、長女が子連れで自殺することも無かったはずです。長女は丙に殺されたと、被告人は強く主張しています。それ以外にも、被告人の作成した小説及びその題名を勝手に、丙の主催する死刑廃止に利用された著作権の侵害を訴えています。民事の損害賠償は、1000万円の請求です。

以上のように、被告人の主張によると、甲、乙、丙3人の弁護人は、被告人から多額の金銭を詐欺、横領しています。被告人の死刑を見越して、何らの追及も受けないと確信した上での犯行といえます。

死刑が執行されれば死人に口無しで、追及を受けることはあり得ません。死刑執行までにあっても、死刑囚の拘禁の実態を知っている弁護人達は、死刑囚が三畳一間弱の狭い拘禁室で、何の資料も手元に置くことも許されず、ただ記憶だけで自己の弁護、主張をしなければならない状況にある、死刑囚から金銭を詐欺、横領することは、いわば赤子の手をひねるよりも、たやすい行為であることを知った上での犯行です。

弁護団において、主任弁護士等訴訟上の責任重大な地位を得れば、一般社会、特に金融機関との交渉が絶大に有利になります。場合によっては、被告人の委任が無くても、訴訟上必要である、被告人の生活上必要である等の理由で、金融機関の許可もフリーパスになりかねません。本件でもこれを利用していることが十分考えられます。弁護団においても、責任重大な地位に付くほど、金融機関等に対する対応も容易と心得て、犯行に至っている場合もあることを考慮しておくことが必要です。

甲、乙、丙は、弁護士会や一般社会における弁護士統制、管理の盲点の一つが、死刑囚の弁護人の統制、管理であること極度に熟知し、弁護人が死刑囚である、被告人から金員を詐取、横領しても、その他の権利侵害をしても、何らの追求もされないことを熟知しているのです。

死刑囚の置かれた世界は、全く無法地帯です。死刑囚や死刑事件、冤罪事件の被告人が置かれた、この無法状態を食い物にする悪徳弁護士（悪徳弁護といっても、世間的には全く正反対で、有名な肩書きを持つ立派な弁護士であることが多い）がいるのです。このような悪徳弁護士の横行を阻止するのは、日弁連に課せられた重要な役目です。

死刑制度の存続か廃止かの以前に、死刑囚の置かれた無法状態の地位の改善がまず第一にされなければなりません。世間には、死刑廃止を主張する団体はありますが、死刑囚の置かれた無法状態の地位の改善を主張する団体はありません。死刑廃止の前に、死刑囚の地位の改善が計られるべきです。

死刑を食い物にする悪徳弁護士の横行を阻止する第一は、死刑事件等の重大事件の弁護人の統制、管理です。第二に、被告人が自主的に自分の権利を保全できる方法、制度、しくみ、被告人の権利行使の充実を計ることです。

第一の弁護人の統制、管理といっても、事前の統制、管理は簡単ではありません。そこで事後の統制管理に頼らざるを得ません。本件のように、被告人から日弁連に権利救済、懲戒申立、犯罪の告訴、告発があった場合、これを簡単に真偽不明として片づけることなく、可能な限り調査し、真偽を明らかにする弁護士会の制度を設けることが必要です。

第二の死刑被告人の自己弁護の権利の充実、これは死刑確定の前だけでなく、死刑確定後、死刑執行まで、死刑囚に自己弁護の権利の充実を保障することです。現在のように極めて狭い一室に、終日拘束するのではなく、資料の整った別室に権利行使の自己弁護活動が出来る自由を保障すべきです。それ以外に、死刑を食い物にする弁護人を断つ方法はありません。

林眞須美氏の主張する３人の弁護士の犯罪事実

(甲)詐欺、横領

平成 10 年頃、和歌山市のマリーナミライの近くのリゾートマンションを購入するため、契約入金していた手付金約700万円を、被告人が委任もしていないのに弁護の必要等の名目で勝手に700万円を下ろした。

(乙)詐欺、横領

被告人は、夫健治の名義で1000万円を「きのくに信用金庫」に逮捕直前頃に入金していた。乙が「きのくに信用金庫」に行き、弁護の必要性を主張して、被告人や健治の委任状も無く、勝手に1000万円を下ろした。
⇒健治はその後2～3年に渡って「きのくに信用金庫」に1000万円の返還を請求するが、適正に出金されていると主張し、これに応じない。

(丙)詐欺、横領、著作権の侵害

被告人がこの事実を知ったのは令和4年。和歌山カレー事件の被告人を支援する会の事務局長であった石谷友輝夫氏を、丙は勝手に事務局長職から解任し、同人の保管していた銀行口座預金を不正に入手した。

被告人は丙から長女に多額の同口座預金が渡されているものと思っていた。ところが長女に一銭も渡っていなかった。長女に同口座預金が渡っていれば、長女夫婦が金銭のトラブルを起こし、長女が子連れで自殺することも無かったはず。長女は丙に殺されたと、被告人は強く主張する。外、被告人の作成した小説及びその題名を勝手に丙の主催する死刑廃止に利用された。

以上のように、被告人は死刑を食い物にする弁護人、それも３人に捕獲されてしまっているようです。これらの弁護人たちは、被告人が死刑になることを望んでさえいるかもしれません。従って、被告人が無罪になるような弁護活動をするはずがありません。死刑事件の弁護人には、このように死刑を食い物にする弁護人がつくという、一般刑事事件とは全く異なる盲点が存在するのです。

被告人としては、いち早く気づいて解任する以外に方法はありませんが、気づいた時は、すでに遅かったということが多いのです。死刑事件の被告人には、死刑事件の弁護など、おいそれとはやってもらえないのではないかという、内心の弱みがあります。そこがこの死刑を食い物にする、弁護人の強みでもあるのです。被告人のこの内心の弱みから、弁護人が打合せをせず、証拠資料を渡さないということがあっても、被告人は簡単には弁護人を解任しません。そこで究極の極致まで行ってしまうのです。

死刑を食い物にする弁護人の兆候としては、まず一つは、被告人との打合せ回数が極度に少ないこと、二つ目は、証拠、裁判資料を極度に被告人に渡さないこと等です。この二つは、本件被告人は、再審弁護人（生田）に対して、自分の弁護人達もそうであったと打合せのたびに、原審弁護人の不満を述べています。死刑を食い物にしている弁護人達ですから、当然のことと言えば当然のことです。

冤罪で死刑事件の被告人にされ、その上、付いた弁護人が死刑事件を食い物にする無罪を真剣に闘わない弁護人であったという、被告人は二重、三重の不幸に遭わされているのです。

(2) 捜査機関と死刑事件受任弁護士の裏取引

以下の論述は「和歌山カレー事件」で実際実行されたということではありません。実行された可能性はあります。証拠が全く無いので、確定的な論及は出来ないのです。

「捜査法」が無い日本社会における死刑担当裁判において、捜査、訴追機関と自己推薦で弁護人になろうとする弁護士との裏取引がされる可能性が十分にあります。双方にとって利益があるからです。

捜査、訴追機関は、弁護人に対して、当該被告人については、例えば少なくとも20年間は死刑の執行はしないと約束します。弁護人の方は、捜査の不当、違法を争わない、法廷においては、無罪を徹底して闘わないことを約束します。そして、裏では死刑を食い物とする弁護人となるのです。

裏取引の事実を推測できる事実はあります。

捜査機関において、なぜここまで徹底した真犯人の追求をしないでおれるのか、という事実関係、青酸化合物殺人について、その捜査線の早期の徹底放棄です。解剖結果等の死因の証拠の不提出がなぜ出来るのかということです。

他方弁護人の方は、自己推薦で弁護人となりながら、なぜこれほどまで、無罪を争う闘いをしないのか、無罪を争う被告人の自己推薦による弁護人となりながら、ここまで徹底した無意味な弁護活動をするのは、なぜなのか。このような事実を推測すると、おおよそ捜査と弁護の裏取引が浮かび上がってきます。しかし確定までは出来ません。

このように「捜査法」が無い社会は、捜査機関だけがやりたい放題できるだけではありません。弁護士の方もやりたい放題をし、死刑を食い物にして利益を得ることが出来ます。このように捜査と弁護が談合するので、そのため冤罪の被告人とされた者は、冤罪を晴らすこと自体、極めて困難な状態に置かれることになります。

裏取引は、冤罪がバレることを極めて困難にします。その意味で裏取引きは、捜査機関並びに死刑を食い物にする弁護人の双方に利得があるのです。

4、全く闘わない「和歌山カレー事件」私選弁護人

(1) なぜ、ここまで闘わないのでしょうか。

自己推薦で私選弁護人となった「和歌山カレー事件」弁護人、「和歌山カレー事件」では弁護人は通常であれば闘わざるを得ない状況に置かれていました。ところが全く闘いません。このことは何が原因でしょうか。その理由の解明の一端のため、上記では死刑を食い物にする弁護士の指定や、捜査機関と弁護人の談合（裏取引）を挙げました。全くそのとおりでしょうか。

以下、闘わざるを得ないことの12項目として挙げます。

①死亡した4人の正規の解剖結果、死亡診断書、死体検案書が証拠として裁判に提出されていない

死因の証拠として、それ以上優良な証拠はないのに、弁護人は追及しません。

②死因が、青酸化合物から砒素に変遷している

平成10年7月27日以降、マスコミは解剖結果、警察発表ということで1ヶ月近く「和歌山カ

レー事件」は、青酸化合物殺人ということで沸き返ります。ところがその後、この青酸化合物殺人の捜査線の進展は一切ありません。

これはどうなったのでしょうか。このような重大な捜査を中途で止めていることに弁護人は一切追及していません。

③早々の捜査開始と捜査本部設置

捜査開始は平成10年7月25日午後7時32分。捜査本部設置は、平成10年7月26日午前6時30分です。まだ被害者の異変が、食中毒なのか、犯罪によるものなのか判明していない段階です。この捜査開始と、捜査本部設置は、何が原因で、だれの通報によるものなのか、それを究明する必要があります。このことを明らかにすれば、真犯人は明らかになります。ところが弁護人は追及しません。

④捜査の常道、被害者の身辺捜査をしていない

捜査の常道といわれる事項について、本件捜査機関は、その捜査を一切しません。あたかも捜査機関は、真犯人は解っているかの如くの態度です。例えば、死亡した自治会長、副会長、

小4男児の親族、高1女子の親族の身辺を洗う捜査、園部地域の地域開発、それに伴う田、畑、家、宅地の売買をめぐるトラブルや、それについての反社会的団体の関与等についての捜査、園部地域からの新人の国会議員の選出とそれと自治会長、副会長の関与、トラブル等、深刻な問題が多数あります。

それらについて捜査機関は追及を一切しません。捜査機関の不関与を弁護には追及すべきであるのにしません。

⑤なぜ、代替証拠が出されているのか？ 違法性があるのではないか？

青酸化合物犯罪の放棄の代替証拠。検察官は、平成10年10月7日、医師辻力に新たに死因が砒素である、死亡者4人の死体検案書4通を作らせます。これは死体検案日、平成10年7月26、27日で、平成10年10月7日という事実関係で、検案せずに検案書を作成することは、医師法20条違反、検案日に直ちに検案書作成を命じた、医師法24条違反の犯罪証拠です。

検察官は平成10年12月24日～29日まで、4人の医師に、死因は砒素であったとします。4通の検面調書を作成します。これも虚偽公文書作成罪に該当する犯罪証拠です。何よりも「砒素含有量」という得体の知れない文書を見て、死因は砒素であるという検面調書。そして、検察官は死刑事件の「和歌山カレー事件」において、解剖結果を証拠として提出せず、平成10年10月7日作成の新たな死体検案書と、平成10年12月24日～29日の死因が砒素である検面調書4通を証拠として提出します。

以上の検察官の行為は、明らかに原因が青酸化合物であることを嫌ったものです。死因は砒素であるとしたいのです。

検察官は、当初の青酸化合物殺人事件とは異なる犯罪の追及をしている証明事実です。警察も「捜査概要」9頁で、検察と警察も一体捜査を明記している通り、警察も検察と同様に、青酸化合物殺人の犯罪追及はしません。

「捜査法」があれば、なぜ平成10年10月7日付の、新たな死体検案書4通を作成し、平成10年12月24日～29日付の、4人の医師に対する、検面調書を作成したのかが解ります。しかし、「捜査法」の無い日本では、このような肝腎の捜査の理由が一切解りません。

「捜査法」があれば、なぜ死亡した4人の解剖結果を提出しないのか。なぜ解剖結果に代えて、平成10年10月7日付の新たな死体検案書を提出し、4人の医師の平成10年12月24日～29日付の検面調書を提出するのか、その行為は解りますが、「捜査法」が無い日本の社会では、理由までは解りません。

いずれにしても、このような重大な解剖結果等に代わる代替証拠です。①平成10年10月7日付の新たな死体検案書、②平成10年12月24日～29日付の4通の検面調書は、弁護人において、不同意にして成立を徹底的に争うべきです。そうすると、正規の解剖結果、死亡診断書、死体検案書がなぜ証拠提出されないのか、青酸化合物殺人罪の捜査放棄の理由、新たな代替証拠①②の作成理由が明らかになります。このような当然の弁護活動をしないのが「和歌山カレー事件」の弁護人です。何のために、どういう目的から、自己推薦までして弁護人になったのか、その真意を冤罪解明のため、明らかにするために釈明義務が「和歌山カレー事件」の弁護人にはあります。

⑥無罪事件を成立を争わない事件として提供する弁護活動

「和歌山カレー事件」において、犯人とされている被告人が犯行を直接犯したと認定できる証拠は、全く一切ありません。自白はもちろんありません。犯行を直接目撃した証拠もありません。裁判所は、動機さえ認定できません。もちろん死因の最優良証拠である、解剖結果等さえ証拠とされておらず、死因の証拠さえ無いのです。

捜査、訴追機関、裁判所が唯一最大の頼りとするのは、被告人の類似事件についての犯行の累積だけです。このことは、訴追関係者であれば、誰でも容易に理解できていることです。

しかし弁護人は、この類似事件の一種ともなる「やびつ壮事件」「被告人火傷事件１、２」「健治高度障害事件」について、被告人との打合せもせず、関係証拠の検討もせず、現場を見ることさえせずに、「成立を争わない」「成立に同意する」という弁護行為に出ます。

死刑を食い物にする弁護人として、裁判所の事実認定の窮状を少しでも助けたいからに外なりません。しかしこれは、あるべき弁護活動という観点から見ると重大問題です。弁護人による無罪を争っている被告人に対する重大な背任行為です。

Ａ〔弁護人による同意事件４事件〕

弁護人は「やびつ荘事件」「被告人火傷事件１・２」「健治高度障害事件」の３事件の成立を争わず、同意事件としました。原判決によると、再審申立パートⅢの４事件は、いずれも「被告人が成立を争わない保険金詐欺事件」という扱いになっています。（原判決６３６〜６４５頁）。いずれも「成立を争わない」という扱いは、大きな錯誤で、簡単に無罪の立証が出来る事件です。無罪を強調しなければならない４事件です。

類似の犯行が喉から手が出るほど欲しい時に、事件を「成立を争わない」同意事件として有罪にした

被告人火傷事件1・2が無罪になれば、やびつ荘事件・健治高度障害事件も無罪になる

類似事件が無罪なので、カレー事件も無罪になる

弁護団がしなかったこと

・林眞須美との打合せのための接見を十分にしない。
・現場の確認もしない。
・関連証拠の検討もしない。

弁護人にあってはならない行為

弁護人の背信・背任行為の極みで、言葉で言いつくせない弁護人の犯罪行為と言わないでどのような表現方法があるのか？

B「被告人火傷事件1・2」について

最も明らかな冤罪事件である「被告人火傷事件1・2」から見ていきます。

この点については、本書「第9、弁護人の同意事件「被告人火傷事件1・2」は、ありえない犯行現場」の「1、「被告人火傷事件1・2」について」でに述べたとおりです。

素朴な疑問？

・林宅には、広い前庭がある
→わざわざ、門を出て家の前の細い道路で家族で BBQ をするのか？
→家の近くでする BBQ で、スパゲティをする？
→BBQ で湯を大きな鍋で沸かす？
→自転車で火に突っ込む？
・地域の人と上手くいってなかったのでは？
→わざわざ家の外に出ることはしないはず？
・林健治は現場にいたのか？
→林健治は、岸和田競輪場に行っていた。

火傷の真の原因は何であろうか？

本当に、家の前の細い通路で BBQ を家族でしたのか？

そこを読み返していただければ、素朴な疑問が出るのではないでしょうか？

これは考えられない火傷事件における火傷で、「被告人火傷事件１・２」は明らかに無罪事件であることは、簡単にわかるはずです。

前庭約70坪があるのですから、ここでバーベキューをするのであれば自然ですが、家の前の細い道路で、バーベキューを家族ですることなどあり得ないことです。

警察は、羽山通子を一旦は逮捕し、放火犯の追及はしないことに、羽山通子に恩を売り、警察に対する金品の贈与を主張させないこととします。羽山通子の火災保険の請求も黙認します。

完黙していなければ
羽山通子の真の放火計画がばれて、同人は逮捕され、有罪になる。
S、林眞須美も共犯者になる。
林眞須美は BBQ や火傷のウソをつかずに保険請求ができる。

なぜ？ 虚偽の説明を？

羽山通子の善意を信じていた。
自分が放火犯にされると思っていた。

羽山通子により、警察官の多数に相当額の金品の贈与を行った事実を暴露される。
→マスコミにとっては、羽山通子の自宅放火・火災保険金詐欺以上の関心事。
→警察官への贈収賄が暴露される。

これが警察にとって、警察の一大スキャンダルの発生を阻止し、複雑な羽山通子による放火や火災保険金詐欺及び被告人の殺人未遂、警察官の収賄罪の立証をしなくて済む、省エネの捜査に終わることが出来ます。警察にとってバンバンザイの方法であるのです。

このことは、弁護人と被告人と、被告人の火傷の経緯について、綿密な打合せをすれば、被告人の火傷の原因の真実を知ることが出来ます。何よりも現場を見れば、虚偽の火傷現場であることが一目瞭然です。

そうすると、羽山通子による被告人を羽山宅放火犯人と仕立て上げようとする工作も知ることが出来たはずです。「被告人火傷事件1・2」公訴事実、判決書の「罪となるべき事実」としては、明々白々に無罪でなるのです。それを同意事件とするなど、あり得ない弁護なのです。

以下、「やびつ荘事件」「健治高度障害事件」については省略します。拙著『冤罪はこのように晴らす』（万代宝書房刊）をご覧ください。

⑦泉克典の調査をまったくしない弁護活動

本件は、弁護人の弁論でも指摘するように、「犯罪事実を直接立証する証拠が存在せず、その主要事実を推認させる間接事実及びその間接事実を立証するための、間接証拠によってしか、立証し得ない本事件、２００２年（平成14年9月18日弁論1頁）です。そこでの問題点は、弁論が指摘する情況証拠による情況証拠の認定の問題、つまり情況証拠による理論的な問題に、問題点が存在するのではありません。問題の大半は泉克典の証言だけで認定した。健治に与えた「くず湯」殺人事件、泉克典に与えた「牛丼」「うどん」「殺人事件」「保険金詐欺事件」の泉克典の証言の信ぴょう性の問題、つまり泉克典の人間性そのものの評価の問題につきるのです。

以下では、警察が泉克典を世間からどのように隔離し、いかに泉克典が証言を翻さないようにしてきたかを論じます。泉克典が自主的に真実を証言しているのであれば、警察は泉克典を世間から隔離する必要などないのです。泉克典の警察による保護の事実は、警察が望む虚偽の証言をしている証左なのです。

(ア) 泉克典の保護について

平成10年8月31日から同年12月29日まで、警察は泉克典を警察官宿舎に保護しました。弁護人の指摘に原審は違法ではないと判示します。マスコミ等から同人を保護する要保護性があるとします。しかし要保護性は肯定されるとしても、警察官宿舎に保護することの保護対応の相当性を欠いていると思慮されます。保護対応の相当性まで踏み込んだ違法論を弁護人は展開すべきであったと考えられます。

そして、その警察官宿舎の所在場所について、「週刊金曜日2009年1月23日号」片岡健の記事によると、以下のように記載されています。

『和歌山市内の中心部から車で約1時間半。道路の両側の果樹畑が広がる一帯を抜け、温泉街へ向かう途中の山道沿いに、その警察官宿舎はポツンと建っていた。宿舎の周りは緑が豊かで、道路を挟んで向かい側の崖下を流れる川は、釣り人たちが鮎釣りをやっていた。自然が好きな人には最高の環境だろうが、夜はずいぶん寂しそうに思われた。「ここに4ヶ月も閉じ込められたら何でもうたってまうやろなアー」、同行した林健治は、この宿舎の前で呆れたようにそうつぶやいた。「マスコミから保護してもらった」というIの証言を信用した1、2審の裁判官もここを一度訪れれば、一発で考えが変わることだろ。』

本来、片岡健ではなく、弁護人がこのような現場を調査した上で、弁論を展開すべきでした。何度も指摘するように、本件弁護人は、今一歩弁護のあり方、調査、打合せが足りないのです。そして泉克典の供述調書（員面調書）は、この期間に殆どが作成されているのです。

(イ) 泉克典を僧侶として送り込む

捜査機関は、警察官宿舎に泉克典を保護した後に、その後保護終了後も、泉克典を一審の終了時まで隔離監視を続けます。その後も隔離を続け、その期間は20年以上です。泉克典の供述調書、検察官請求番号533～561によれば、泉克典の職業は無職です。ところが同人の公判廷での証人調書（39回公判調書平成12年8月31日、第41回公判調書平成12年9月22日、第47回公判調書平成12年11月9日、第48回公判調書平成12年11月20日、第49回公判調書平成12年12月6日）によれば、職業は僧侶となっています。

ウワサによると、泉克典は警察官宿舎で保護が終わった後も、同人を外部との接触を遮断す

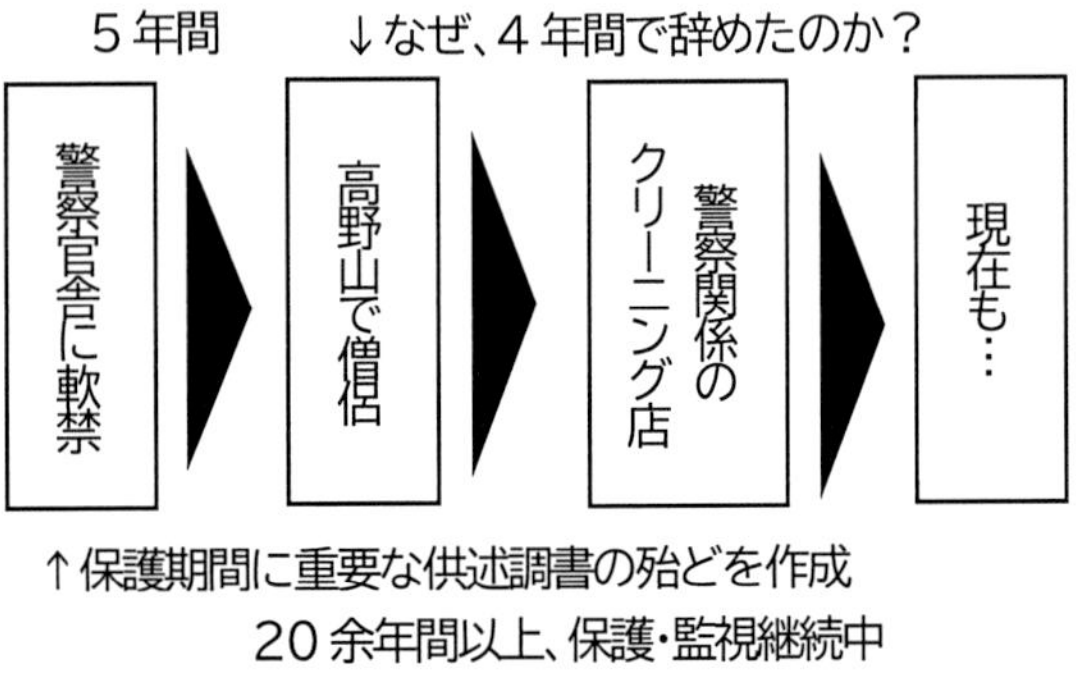

るため、捜査機関は、同人を高野山に僧侶として送り込み、外部の人の断絶を計っているとのことです。公判調書の職業が僧侶で、住所が実家の紀三井寺のままであることは、ウワサの真実性を示しています（前記片岡健記事では約5年間僧侶として送り込まれた。とある）。

そもそも泉克典が通常の社会生活を営み、供述調書にあるようなコミュニケーションを行使できるかということが、極めて疑わしい人物です。下働きをする者として、便利な泉克典を林健治は、平成10年2月12日～13日頃、林宅の住み込みを断っています。（泉克典平成10年9月1日付員面調書5頁）原判決自体511頁で、交通事故多発症で雇い止めになっていることを認定しています。

僧侶の階級も、通常の社会生活ができ、一念発起して、自らの意思でなったものであれば、第一審当時から第一審判決まで4年以上経ったとき、それなりの階級に栄進しているはずです。

また一念発起して、仏門に入ったなら、なぜ４年くらいで辞めたのでしょうか？

(ウ) 警察官の衣類を専門にするクリーニングに就職させる

警察は、第一審終了後は、泉克典を警察官の衣類を専門にするクリーニング店に就職させて、以後現在に至る20年余年間、泉克典の監視を続けています。このような人権侵害が許されて良いものでしょうか。

泉克典を再審で証人として調べれば、泉克典の情況は一見にして明らかとなります。まともな供述能力自体を疑われる泉克典、ただ一人の供述で、保険金詐欺、保険金目的の砒素使用殺人未遂事件を認定して良いものでしょうか。何よりも、泉克典の供述能力が正常で、供述が正しいのなら、捜査機関は泉克典を20余年間、隔離する必要がどうしてあるのでしょうか？同人を捜査機関は隔離することを直ちに止めるべきです。

２０２１年度のノーベル平和賞において「人々が事実を知る自由がなければ、そこに民主主義はない」として人々が事実を知ることに努力、貢献したジャーナリスト２人に、ノーベル平和賞が贈呈されました。

人々が事実を知ることが、民主主義にとって不可欠であるにもかかわらず、捜査機関は事件後20余年を経た今日においても、泉克典に対して、隔離措置を取っているのです。これでも日本は民主主義国家と云えるのでしょうか?

（エ）車椅子で移動の廃人状態

事件後20余年を経た現在、人のウワサでは、最近の泉克典は車イスで移動し、言葉の発声も不自由な廃人に近い情況にあるとのことです。何らかの薬をどこからか与えられ、徐々に廃人にさせられているおそれが十分にあります。本来であれば、泉克典は昭和37年12月4日生まれの60歳で、中年の活躍年齢のまっ最中です。

（オ）泉克典の人格特性について

以下では、泉克典の7つの人格特性を指摘しておきます。

（1）体質的特性（睡眠時無呼吸症候群）

原判示719頁、769頁において、ハロークリニック西本で認定されました。しかし、その原因等についての認定はなく、泉克典は極度の睡眠不足から、情緒不安定となり、捜査官の誘導に応じ易くなります。

（２）行動的特性（イネムリ）

原判示７６９頁ないし７８８頁で10回にわたり意識消失になったことを認定しています。第３９回泉克典の公判供述調書39～40頁によると、初めて意識を失ったのは、平成８年７月２日頃からです。警察は泉克典に対して、この意識消失による交通事故が多数あることから、いつでも検挙するぞと脅かしています。

（３）生活特性（食生活の不規律性）

生活特性について、原判示は８３３頁、８３４頁において、泉克典の朝食抜き、晩食の多量摂取から乱れた食生活を認定しています。しかし生活全般の態度についての認定はありません。

（４）金銭的特性（借金について）

原判示は７１４頁において、泉が林宅に住み込むようになった、平成8年2月中旬頃の借金は約、１２０万円で、80万円～90万円が消費者金融から借金であったと認定します。しかし、肝心の反社会的団体からの取り立ての事実については、認定していません。なぜ、被告人宅に住み込むようになったのか。その住み込みの理由も認定していません。従って、取り立てに晒されることに脅える心境、それから逃れたい心理から、供述や捜査に迎合し、捜査官の誘導尋問に応じ易い状況を配慮して、真実の供述をし得るとための方便の検討は全く皆無です。

（5）家庭的特性（警察一家）

泉克典の家庭は、父親が警察官、妹は夫婦共に警察官の警察一家です。前記（4）のとおり、泉克典は借金のため、反社会的団体の追い込みを受け、後記（7）の通り、被告人林宅に追い込みから逃れるため入り浸りとなり、さらには警察保護を受け、そして保護の終了後も警察の指導で、高野山に僧侶になって、実質上、警察の隔離を受けています。何よりも泉克典は警察一家のため、借金の取立てや、泉克典自身の犯罪行為を家庭に知られる事については、極度に警戒する傾向が大きいのです。そのような点についても要注意です。

（6）秘匿特性（砒素使用の入院歴多数）

泉克典は昭和58年頃から、林健治と知り合い、平成2年頃からは頻繁に林健治のマージャン部屋に出入りしていました（原判示711頁）。林健治は、平成2年頃から白アリ駆除の仕事を止め終日マージャンにふけっていました。その時健治は、泉克典から遊んでいて大金を持つ方法を尋ねられ、マージャン室の棚上の小物入れに入れてある砒素をエセ障害薬だと騙して、「耳かき半分程度をナメてみろ、と勧めています。以後、泉克典は一人で度々砒素をナメ、下痢を起こし、病院に入院しています。そして保険金を請求しました。泉克典は元々バイクの交通事故をわざと起こす、いわゆる当たり屋とウワサされていた人物です。砒素を知った以降は、砒素をナメて入院を繰り返し、保険金詐欺を繰り返していたのです。

（7）社会的特性（要庇護性）

社会的特性（要庇後性）については、原判決は４１５頁において、平成8年2月から平成10年3月まで、被告人宅に住み込んでいることを認定します。しかし、その理由である借金の取立てから逃れるためであることは認定しません。

このように、警察（捜査機関）は、泉克典の人格特性を最高度に利用して、捜査機関に都合の良い証言をさせ、泉克典にその証言を翻させないため、裁判期間を通じて20余年、泉克典を世間から隔離するのです。そして、裁判期間中に泉克典がどのような証言をしようとも、被告人から追及されないように、被告人を裁判期間中黙秘させるのです。

泉克典の7つの人格特性

(ア)体質的特性(睡眠時無呼吸症候群)	原因についての認定は無い。捜査官に迎合、誘導に応じやすい。
(イ)行動的特性(イネムリ)	意識消失による交通事故が多数あることから、泉克典に対して、いつでも検挙するぞと脅している。
(ウ)生活特性(食生活の不規律性)	泉克典の朝食抜き、晩食の多量取得の乱れた生活等を認定しているが、生活全般の態度についての認定は無い。
(エ)金銭的特性(借金について)	消費者金融の借金の反社の取立の事実は未認定。林宅への住込みの理由も未認定⇒取立に晒されることに脅える心境、それから逃れたいための供述や捜査に迎合、誘導尋問に応じ易い、虚偽供述をし易い状況等の検討は全く皆無。
(オ)家庭的特性(警察一家)	泉の実家は警察一家の為、借金の取立や自身の犯罪行為を家庭に知られる事を極度に警戒する傾向が大。
(カ)秘匿特性(砒素使用入院歴多数)	泉は一人で度々砒素をナメ、嘔吐、下痢を起こし、病院に入院し、保険金を請求。泉は元々バイクの当り屋と噂されていた。
(キ)社会的特性(要庇護性)	捜査機関は、平成10年8月31日~12月29日まで、警察官宿舎に保護、外部との接触を遮断し匿った。保護終了後も隔離監視を続け、その期間は20年以上。

弁護人は、被告人が黙秘しているとき、その黙秘の理由を徹底的に追求しなければなりません。まして、本件のように捜査機関が被告人に黙秘を薦めている場合、直ちに黙秘を断めさせる努力をするべきです。しかし死刑を食い物にする弁護人で構成されている弁護団は、そのようなあるべき弁護活動を一切していないのです。

⑧死亡保険金の受取人でなくても、死亡保険金を受け取れるとする訴追側、裁判所、これに対して全く異議を述べない弁護人

被告人は、泉克典の保険資料を管理しています。しかし、泉克典の死亡保険金を受取人ではありません。それにもかかわらず、訴追側や裁判所は、被告人は泉克典の死亡保険金を受け取ることが出来ると、全く非常識な見解を判断します。そして、そのような判決をするのです。裁判でここまでウソを言っても良いのでしょうか。このようなウソを全く咎めない弁護人、これが日本の裁判の実態です。弁護人の冤罪協力の実際です。

(ア) なぜ、保険契約書を管理していると、死亡保険金を受領できるといえるのか？

原判決は被告人は泉克典の保険契約の管理等をしているので、死亡保険金を受領できるとし

て、被告人が泉克典に砒素を食べさせたり（「牛丼事件」「うどん事件」）睡眠薬をのませて、泉克典に原付事故で死亡させようとしたり（「睡眠薬事件」）したと認定します。（原判決８２４頁～８３６頁）、８５４頁～８６０頁、７６９頁～７８８頁）。そしてその証拠として、被告人が保険契約書を管理していることと、判決書添付の別表８を５ヶ所で判示します（原判決６６０頁、７４７頁、７４８頁、８３５頁、８５８頁）。

判決書に添付された別表８には、被告人が管理する、泉克典の保険契約14例が記載されています。ところが、この別表８の泉克典の保険契約の保険金受取人は、泉克典の親権者、相続人、雇い主であって、被告人は14契約中のただ1件も、保険金受取人にはなっていないのです。判決は、別表８を５ヶ所で判示することで、いかにも被告人が泉克典の死亡保険金の受取人であるかの様に示します。これが全くのウソなのです。判決でここまでウソを言ってもいいのでしょうか。

なぜ、保険契約書を管理していると、死亡保険金を受領できるといえるのでしょうか？　原判決は、保険契約上の受取人でもない被告人が、泉克典らが死亡したとき、どのような方法で保険金を取得できるのか？　保険契約上の受取人でもない被告人が泉克典らが死亡したとき、どのような方法で保険金を取得できるのか？　保険契約上の受取人でもない第三者が、死亡保険金を受け取る手段があるのか？ その事を明示するのが判決の役割であるが、原判決は被告人が保険金を受け取る具体的な手段、方法を明らかにしません。いくら原判決が、被告人が砒素、睡眠薬を用いて、殺人未遂、保険金詐欺を企てたといったところで、それは犯罪行為ということにはほど遠い空論に過ぎないのです。このように原判決は、ウソであっても全く気に介せず、本当のように判示します。

しかし、別表8の14例の泉克典の保険契約において、被告人が受取人になっている保険契約は1つも無いのです。このことは、被告人が保険金の受け取りについてまでは、その意思が無いことを明白に物語っているのです。

原判決は、別表8を被告人の保険金詐欺の根拠に度々挙げるのが、実際は、別表8は被告人が保険金の受取人になっている保険契約は1つも無く、被告人は保険金詐欺の意思の無いことの根拠となるのです。原判決を否定する根拠となるのが、原判決が強調する別表8です。

被告人は、泉克典を殺害しても、死亡保険金を受け取れないのです。それにもかかわらず、保険金受取のため、泉克典を殺害するという全く訳が分からないのが、原判決です。

（イ）原判決が認定する、死亡保険金受取人でもない被告人が殺人を実行しようとした8つの根拠？

原判決は、死亡保険金受取人でもない被告人が、泉克典に対して、砒素を摂取させて殺人（未遂）を実行することに疑いを持ちながら、あえて実行したと認定します。以下その1からその8において、その根拠を示します。（この点も省略、前拙著123頁から135頁まで参照）

（ウ）被告人は、なぜ自己を保険金受取人とする保険にしないのか？

保険契約者以外を保険受取人とする契約は、いわゆる他人のためにする生命保険契約です。保険金受取人を誰にするか、また、契約後に変更することのいずれも自由にできます。（『図解わかる生命保険金』２０２２年版、ライフプラン研究会編（株）新星出版社刊、２０２２年版発刊１７６頁。）なお、保険法43条1頁によると保険契約者は、保険事故が発生するまでは、保険金の受取人を変更することができると限定します。その被保険者の同意した書面で保険会社に通知する（大判S13、15、19民集17―１０２１）。

そうだとすると、被告人は泉克典等の保険契約に当たって、自己を保険金の受取人にしようと思えば出来ます。自己を受取人にしてしまえば、手続きもややこしい、原判決の実質的契約当時者等の指摘を簡単に回避できます。それにもかかわらず、被告人は、保険金受取人の保

殺人を実行しようとした8つの根拠

(1)死亡保険金受取人の変更を知っている

自己を受取人にはしていない

(2)泉克典の生命保険関係の管理をしている

死亡保険金の受け取りはできない。保険金会社は死者の口座に死亡保険金を振込みはしない

(3)うどんを食べた時の事細かな情況を、必要以上に詳細に認定

泉克典が砒素を自己使用しているか否かの事実を判示していない

(4)実質的保険契約者になると詐欺罪が適用される

被告人はなぜ、泉克典等の保険契約において、保険金受取人を被告人自身にしないのか？

(5)被告人が高額の保険契約を多数している

被告人は、平均的な保険外交員(月約２件)よりは多少多い方である

(6)被告人が勧誘した保険金額が高額である

高額でもなければ、保険契約も多数でも無い

(7)被告人の勧誘した、保険契約も多数でも無い

被告人の誘致した保険数は平均並である

(8)保険金額の高額性と多数性が、直ちに不正取得目的があることに直結する

判決の言うとおりであれば、日本には年間莫大な保険金殺人事件が発生していることになる

判決に絶対必要な内容

保険契約上の受取人でも無い林眞須美が泉克典らが死亡したとき、どのような方法で保険金を取得できるか？

▼

保険契約上の受取人でも無い第三者が死亡保険金を受け取る手段があるのか？

▼

この事を明示するのが判決の役割

保険契約上の明白な証拠を明らかにする必要が原判決には不可欠である

→ 保険関係の管理をしていれば、保険金を受け取ることができるということになれば、保険金殺人等の犯罪を誘発することになる

険契約をあえてしていません。このことは、被告人が保険金受け取りに関心がないことを如実に示しています。

原判決は、被告人管理の泉克典の保険契約14件の詳細が記載された原判決の別表8を何度も判示します。（原判決660頁、747頁、748頁、835頁、858頁）。しかし、この14件中に、被告人が保険金受取人になっている保険は、1件もありません。仮に泉克典が死亡しても、被告人は保険受取人になれません。被告人は保険契約の際に、そのとき受取人になっていなくても、後日受取人に変更すれば、被告人は保険金を受け取れます。そのようなことをせず、被告人が保険金受取人にな

っていないということは、被告人は、保険金受取の目的がなく、つまり泉克典を殺す目的を有しないということです。被告人が自己を受取人にする保険契約をあえてしないということは、保険契約の実績は保険会社の成績上契約数は上げたいが、保険金の受取についてまではするつもりが無い事を明白に物語っています。

保険契約上の受取人でも無い被告人が、泉克典等が死亡したとき、どのような方法で保険金を取得できるのか。保険契約上の受取人でもない第三者が死亡保険金を受け取る手段があるか。その事を明示するのが、判決の役割であります。原判決はそれをしません。被告人が死亡保険金を受け取る具体的な手段、方法を明らかにしない以上、いくら原判決が、被告人が砒素、睡眠薬を用いて、殺人未遂、保険金詐欺を企みたといったところで、それを犯罪行為ということには、ほど遠い空論に過ぎないのです。

原判決は、よくも非常識にも、このような空論を判決書に記載したのです。いずれにしても、保険金受取人でもない被告人が、保険金を受け取ることが出来る、保険契約上の明白な証拠を明らかにする必要が、原判決には不可欠です。それをしない原判決は、甚だしい審理不尽です。そして、この点を追及しない弁護人も裁判所の共犯と称しなければなりません。

⑨動機の解明について、それを全く追及しない弁護人

（ア）犯罪と動機は不可分的に随伴する

原判決は、判決書873頁～895頁に亘って、犯行動機と題して判示します。結論を先取りすると、同881頁、885頁893頁（2ケ所）、900頁、901頁において、被告人が犯行を犯す動機は、解明されなかったと、6ケ所において明記を繰り返します。

裁判所は、(一）まずカレーに砒素を投入したのは被告人であるとし、(二）その動機として、（1）激昂論、（2）保険金目的論、（3）性格判断を検討し、そのいずれも否定に至ります。

A、まず初めに、判決は激昂論として検討します（873頁）

『被告人が、夏祭り用のカレーに亜ヒ酸を混入した直接的な内心の原因は、夏祭り当日正午前後頃、被告人がカレー鍋等の見張りをするために、ガレージに赴いた際、その場にいた主婦らの、自分をあからさまに疎外していると、受け取れる対応ぶりに激昂したことにあたったことは明らかであり、カレー毒物混入事件は、その激昂に基づく主婦らへの意趣返しとして敢行された犯行とみなすことができる、旨主張するので、以下、検察官が主張する被告人の激昂の有無について検討する。』と判示します。

そして、８８０頁において小括して激昂論を否定します。

『小括、以下の検討から、本件夏祭りの当日の正午頃、被告人がガレージに赴いた際、ガレージ内には被告人を疎外するような雰囲気があったことは認められるものの、その程度は不明であり、また、被告人がそのような雰囲気に激昂したことを具体的にうかがわせる証拠はないから、被告人がガレージ内の雰囲気に激昂したと認めることはできない。』

Ｂ　次に判決は保険金目的を検討します（８８０頁）

『検察官は、ガレージにいた主婦らに対する激昂が、意趣返しによるカレー毒物混入事件にまで飛躍した原因の一つとして、健治の麻雀仲間の生命保険等の所得も考えていた可能性がある旨主張する。これは、検察官において、カレー毒物混入事件が積極的に保険金取得を目的とした犯行ではないことを前提にしつつ、主婦らの言動に対する激昂が無差別殺人ともいうべき犯行に飛躍した背景事情の一つとして、保険金取得の可能性を指摘するものである。』と判示します。そして、結論として保険金目的を８８１頁で否定する判示します。

『しかしながら、当日の正午頃の時点で、具体的に麻雀をする予定があったとは認められないし、麻雀をしないことになった時期、被告人がそれを知った時期等についても、結局、明確な事実関係は判明しなかった。したがって、その抽象的な保険金取得目的とカレー毒物混入事件とを結びつける証拠がないから、検察官が主張するカレー混入事件の背景事情としての保険金取得目的も単なる抽象的な憶測にすぎず、それを被告人がカレー毒物混入事件を敢行したことの背景事情の一つにすることはできない。』と判示します。

C　動機の不明確を被告人の性格論に言及する判決

８８１頁において、原判決は、

『カレー毒物混入事件は、犯人にとって利害関係のない多数の死傷者が生じることを容易に想定できる異常な事件であって、その犯行の異常性を考えると、被告人の性格的傾向が問題にならないわけはない。』として、以下悪性格の立証を審理すべきか否かについて、検討し、悪性格の立証はすべきでないとします。そして、８８５頁において、

「確かに、本件のような重大事案における動機の解明は、なぜ、このような犯行が起きたのかを明らかにするという意味で、社会的に真実究明の要請が高いことは言うまでもない。そして、動機を具体的に解明するために、性格分析という手法が効果的な場合があることも首肯し得る。しかしながら、本件において、これまでの証拠調べで判明しえない原因を精神鑑定等の性格

分析で解明しようとするなら、きわめて詳細な鑑定等を実施する必要があるところ、本件は犯人性そのものが争われている事案であり、まだ被告人が黙秘している事案であるから、そのような鑑定等に被告人の協力が得られるとは考えられず。仮に精神鑑定を含めた総合的性格分析をしたとしても、信用性の高い結果が得られるかは大いに疑問である。また、審理のあり方としても、犯人性そのものが争われている事案において、その犯人性を前提にしているかのような被告人の性格分析的証拠調べを詳細に実施することは、訴訟の不要な混乱を招くばかりか、犯人性の判断そのものに懸念を生じさせるものであって、疑問があると言わざるを得ない。」と判示し、結論的に、「したがって、本件では、その動機は未解明であるものの、しれを解明するために、被告人の性格分析に立ち入ることは控えるべきであると考える。」と、被告人が犯行を犯す動機は解明できないとします。

Ｄ　その後、原判決は８９５頁以下において、殺意について検討し、「被告人が東カレー鍋に投入した砒素の量は１３５ｇで、紙コップ半分の量で、４５０名から１３５０名分の致死量に当たる量である。」（８９７頁）と判示します。

E　裁判が動機解明のために検討すべき事実の項目

原判決は、『被告人がカレーに投入した砒素の量は135ｇで、紙コップ半分の量で、450名から1350名分の致死量に当たる量である。』と判示します（897頁）。

本件は、人を450名から1350名も致死させる量の砒素を本当に被告人が投入したのであれば、

（ア）被告人が当日までにどのような準備をしていたか
（イ）被告人と夏祭りの関係
（ウ）被告人が地域住民に対して抱いていた感情
（エ）被告人と地域住民とのこれまでのいきさつ
（オ）被告人と地域住民と決裂に至った決定的な原因
（カ）被告人の行動傾向
（キ）被告人の生きざま
（ク）被告人が夏祭りの後、この地域から移転する計画の有無

等々から、被告人がカレーに砒素を投入した動機を究明できないはずがありません。これは、被告人は「性格分析」といった、被告人の人格の深層を解明する問題以前の問題です。

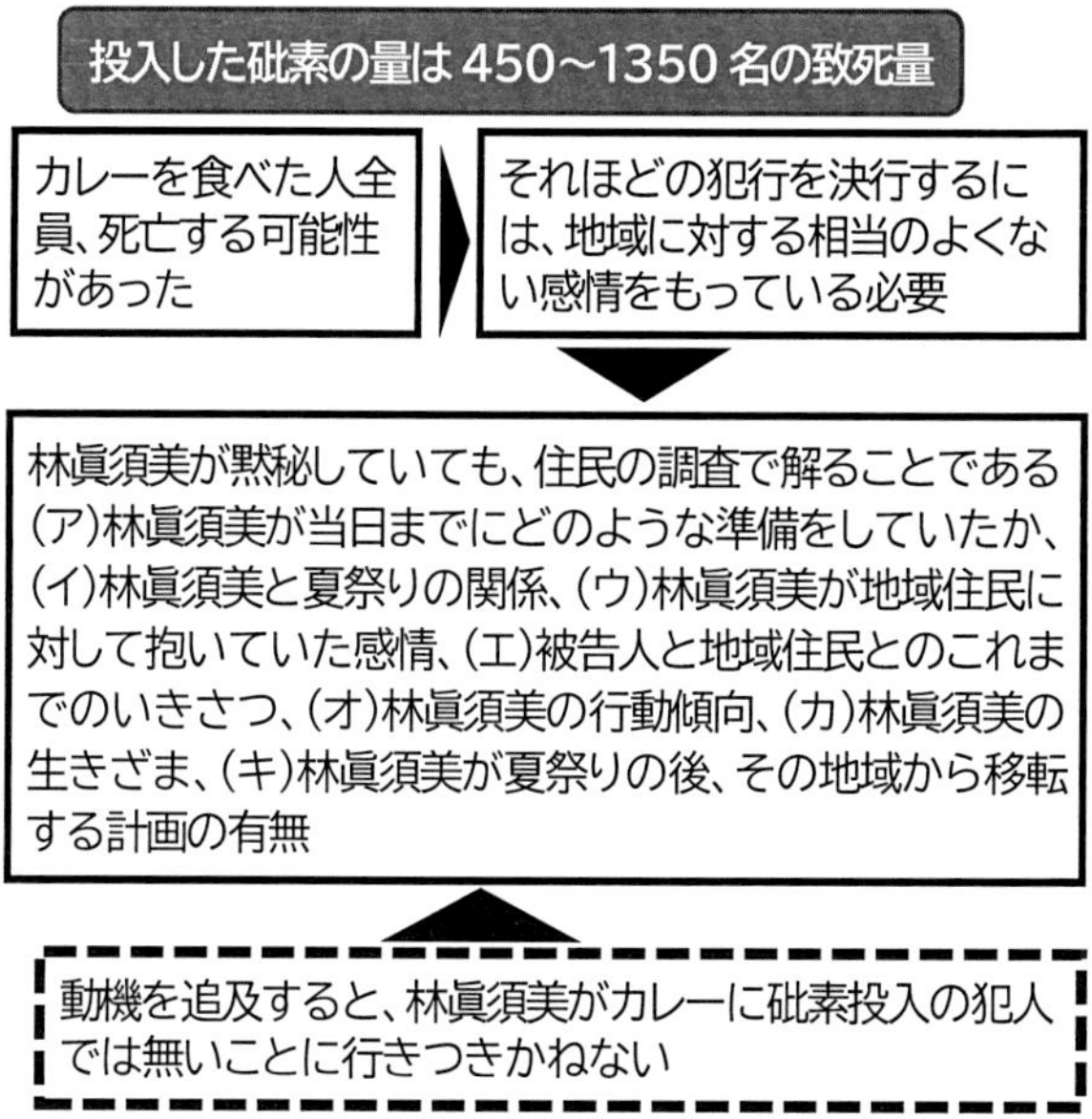
投入した砒素の量は450～1350名の致死量
カレーを食べた人全員、死亡する可能性があった
それほどの犯行を決行するには、地域に対する相当のよくない感情をもっている必要
林眞須美が黙秘していても、住民の調査で解ることである（ア）林眞須美が当日までにどのような準備をしていたか、（イ）林眞須美と夏祭りの関係、（ウ）林眞須美が地域住民に対して抱いていた感情、（エ）被告人と地域住民とのこれまでのいきさつ、（オ）林眞須美の行動傾向、（カ）林眞須美の生きざま、（キ）林眞須美が夏祭りの後、その地域から移転する計画の有無
動機を追及すると、林眞須美がカレーに砒素投入の犯人では無いことに行きつきかねない

被告人が黙秘していても、住民の調査で解る問題でもあります。

それらの簡単な調査もせず、最も究極の「性格分析」をすぐに持ち出し、動機の解明の問題点を他にそらす、ある意味では、不当な逃げ以外の何ものでもない。原判決の態度は卑怯極まりない。この上ない不当な態度というべきです。

住民との軋轢の緊迫感が必要ではないか？　何よりもカレーに投入された砒素は、135gという大量で、450～1350名の致死量相当である（897頁）。これだけの砒素を投入すれば、カレーを食べた人全員、本件では67名全員が死亡する可能性がありました。

それほどの犯行を決行するには、地域に対する相当のよくない感情を従前からもっている必要があると認められます。

それと同時に、犯行後も地域の大半の人が被害者になってしまうので、地域に住み続けることは困難です。従って犯行後、地域を出て行く予定があったと推測されます。そのような観点を踏まえて、性格分析の以前の審理を充実させておく必要があります。そのような審理方法を裁判所は採りません。裁判としてあるべき裁判の追及を極度に怠った怠慢以外の何ものでもない、というべき判決です。

F　弁護人は動機に一切触れないこと

弁護人は、第一審の弁論要旨においても、第二審の高裁弁論要旨においても、裁判所が本件「和歌山カレー事件」において、被告人の犯罪動機を認定出来ないことに対して、一切触れることはありません。

裁判が裁判なら、弁護も弁護です。このようなことで弁論をしたことになるのでしょうか。弁護人の怠慢は著しい限りです。「死刑を食い物にする弁護人」といわれる有力な根拠です。

⑩弁護人は、４５０名～１３５０名の致死量に当たる砒素を投入する準備を被告人がしていたか否かを追及しない

判決は、「被告人がカレーに投与した砒素の量は、４５０名～１３５０名の致死量に当たる量である」と判示します。これだけの砒素を投入する準備を被告人がしていたか否かを一切弁論しない弁護人。

Ａ　弁護人の弁護は、被告人の従来からの住民に対する感情を十分に調査すること被告人が地域住民に、決定的な決裂の悪感情を有していたか否かの調査をしなければなりません。被告人に決定的な決裂の悪感情を、地域や地域住民に持たずに本件犯行には及ばないからです。

犯行が地域に居住する住民ではなく、他所からの来訪者であれば、地域に対する悪感情などを持たなくても犯行は可能です。

この砒素投入量、住民に対する感情は、被告人の犯行か否かの重要な要素です。被告人の犯行か否か、以前に住民による犯行か、部外者による犯行かを峻別する基準でもあります。このような緻密な弁護をすることは、本件弁護人には求められていますが、弁護人は一切それをしません。「死刑を食い物にする弁護人」と言われる所以です。

⑪膨大な情況証拠群、捜査、訴追機関のマインドコントロールに踊らされる弁護、裁判

「和歌山カレー事件」において、犯人とされている被告人が、犯行を直接犯したと認定できる証拠は全く一切ありません。自白はもちろんありません。犯行を直接目撃した証拠もありません。裁判所は動機さえ認定できません。もちろん死因の最優良証拠である、解剖結果等さえ証拠とされておらず、死因の証拠さえ無いのです。

被告人を有罪にするために、捜査、訴追機関、裁判所が唯一最大の頼りとするのは、被告人の類似事件についての犯行の累積だけです。捜査、訴追側のいう多数の類似の保険金詐欺事件の集積です。

(A) まず考えなければならないことは、このように、被告人の犯行だと認定する証拠が一切ないときに、提出された膨大な情況証拠群に対して、弁護人、裁判所において、取るべき態度についてです。

情況証拠群の性質ともいうべきものです。ここでも「捜査法」の無い日本社会であることを念頭において、考えなければなりません。情況証拠群が一つは、被告人の犯行認定の資料としてのみ、提出されているものなのか。二つ目は、捜査、訴追側による、弁護、裁判、マスコミ、

国民に対するマインドコントロールとして、提出されたものか、ということです。

被告人は、泉克典の生命保険契約14契約の書類を管理しています。しかし、原判決が何度も判示する判決書の別表8にも明らかなように、被告人は、泉克典の死亡保険金の受取人にはなっていません。そうすると、いくら14契約もの書類を管理していても、被告人は、泉克典の死亡保険金は受け取ることは出来ません。死亡保険金を受け取れないということは、被告人による、泉克典の14生命保険契約者の管理は、被告人による「和歌山カレー事件」の犯行と認定する証拠には全く役立たないということです。

そうすると、捜査、訴追側が挙げる泉克典の生命保険の膨大な情況証拠群は、犯行認定の用は果たさないので、マインドコントロール用の証拠群ということになります。

(B) ところが、弁護、裁判は、この膨大な情況証拠群を捜査、訴追側の施したマヤカシのマインド証拠ととらえずに、被告人の犯行の立証証拠ととらえます。

弁護を検討しますと、次のとおりです。

第一審の弁論要旨である「弁論要旨」２００２年(平成14年) 9月18日付１９４頁、第二審の弁論要旨である「口頭弁論要旨」平成17年3月16日付100頁において、情況証拠を犯行の認定証拠として、捜査、訴追機関が提出したとして、それに対抗し、対応した反論をしているに過ぎません。情況証拠群が、捜査、訴追機関によるマインドコントロールであるとの視点は全くありません。

そのため、本書の①～⑫で挙げた、弁護人として当然闘うべき項目に対して、全く闘っていません。これでは真相究明に全く役立ちません。捜査、訴追機関が設けた土俵の内で、多少の異論を吐いているに過ぎないからです。明らかな冤罪、無罪の追及には全くならない弁護活動です。

⑫原判決有罪の理由中の被告人が無罪である証拠3ヶ所及び有罪の罪となるべき事実と矛盾する被告人の無罪証拠について、弁論では何の追及もしないこと。

A、判決書の証拠の標目中に、被告人が明白に無罪となる証拠が判示されている。

判決書の証拠の標目15頁の16行目、23行目、16頁の7行目の島田博（検甲1041）、辻本登志英（同1063）、小牧克守（同1101）の各員面調書（警察官作成の調書）にいずれ

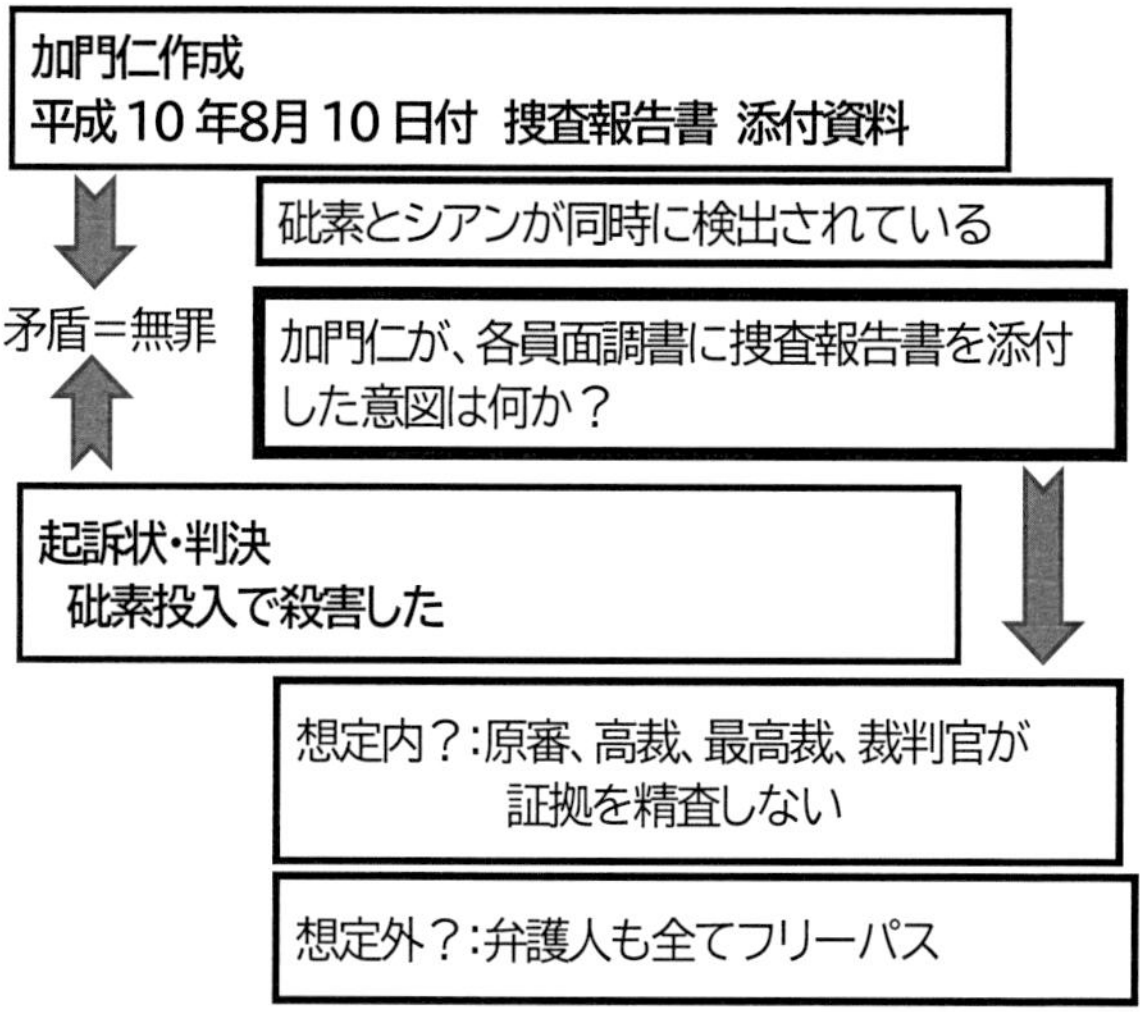
加門仁作成
平成10年8月10日付　捜査報告書　添付資料
砒素とシアンが同時に検出されている
矛盾＝無罪
加門仁が、各員面調書に捜査報告書を添付した意図は何か？
起訴状・判決
砒素投入で殺害した
想定内？：原審、高裁、最高裁、裁判官が証拠を精査しない
想定外？：弁護人も全てフリーパス

も各添付された、平成10年10月27日付　和歌山警察本部捜査一課加門仁の捜査報告書（各1通、合計3通）が、無罪の証拠です。平成10年8月10日付の捜査報告書に、まだ作成されていないはずの、平成10年10月7日作成の死体検案書が添付されていることはすでに述べました。

起訴状、判決書では、被告人は「和歌山カレー事件」について、砒素だけをカレーに投入して4人を殺害し、63人に殺害未遂の罪を犯したことになっており、砒素とシアンを同時に投入したのであれば、犯人は被告人ではなく、被告人は無罪です。

ところが、島田、辻本、小牧の員面調書に添付された、加門仁の捜査報告書によれば、カレーを食べた67名は砒素と同時にシアンの反応

が出ているという捜査報告書です。特に死亡した、小学４年生の男子の場合は、シアンの数値が特に大きく、砒素ではなくシアンで死亡したことが、明らかな証拠です。

和歌山地方裁判所刑事部の原判決が、なぜ無罪となる捜査報告書を添付した証拠を、有罪の罪となるべき事実の証拠の標目中に記載したかの理由は解かりません。

加門仁は意図的に、有罪の証拠の員面調書に、捜査報告書として、無罪証拠を添付したと推測されます。

まず、担当裁判官が証拠を精査していないこと、法廷での証拠調べの方法、正規の証拠書類の朗読や要旨の告知を、一切省略した何もしない方法であること等から、無罪証拠である捜査報告書を添付しても、スンナリ証拠の標目に、裁判官は掲げると推測して、添付したと考えられます。裁判官の能力、裁判のいい加減さが見抜かれていることでもあるのです。

問題は、この無罪証拠である、捜査報告書が添付された有罪判決の証拠の標目が３ヶ所にも亘って、存在することです。高裁、最高裁は元より、弁護人による控訴、上告も全てフリーパスであることです。訴訟関係人がいかに判決書等訴訟書類を軽視しているかが明らかです。

問題となるのは、単に有罪の判決書の証拠の中に、無罪の証拠が含まれていたという一事だけではありません。これほど杜撰な証拠の精査、証拠調べの裁判で、死刑が宣告されても良いのかということです。日本の刑事裁判の恥かしい一面ともいうべきでしょう。

B　砒素が3つの全鍋から検出されている

原判決14章の10（原判決895頁）において、以下のとおり判示します。

『(10) 結論　以上の検討から、被告人は、ガレージで1人で鍋の見張り当番をしていた、午後零時20分ころから午後1時ころまでの間に、(A) 緑ドラム缶、(B) 森田ミルク缶、(C) 重記載缶、(D) 森田タッパー、(E) 田中ミルク缶の5点の亜砒酸粉末若しくは (F) 本件プラスチック製小物入れに入っていた亜砒酸のいずれかの亜砒酸を、本件青色紙コップにいれてガレージに持ち込んだ上、東カレー鍋に投入したという事実が、合理的な疑いを入れる余地がないほど、高度の蓋然性を持って認められるのである。』

平成10年8月4日の朝日新聞朝刊23面では以下のように報道されています。

『「なべ3つ全部に砒素」和歌山市園部の毒物混入事件で、和歌山県警捜査本部は3日、住民が用意した2つのカレー鍋のすべてから新たに砒素を検出したと発表した。

警察庁科学警察研究所（科警研）の検査で分かった。３つのカレーなべが会場近くの２ヶ所で調理された後、祭りの会場に運び込まれた。このため捜査本部は、３つのなべが会場にそろった午後４時から、最初の被害者が出る、午後５時40分頃までの間に毒物が投入されたとほぼ

毒カレー事件

なべ三つ全部にヒ素

午後4時以降混入

和歌山市園部の毒物混入事件で、和歌山県警捜査本部は三日、住民が用意した三つのカレーなべのすべてから新たにヒ素を検出した、と発表した。警察庁科学警察研究所（科警研）の検査で分かった。三つのカレーなべは会場近くの二カ所で調理された後、祭り会場に運び込まれた。このため捜査本部は、三つのなべが会場にそろった午後四時から、最初の被害者が出る午後五時四十分ごろまでの間に毒物が投入されたとほぼ断定した。三つのなべにはヒ素と青酸化合物の両方が投入された疑いが強く、この時間帯に会場にいた住民らから、当日の状況や不審人物が出入りしなかったか詳しく事情を聴いている。

調べによると、祭りにはカレーをつくるために大なべ二つと、小なべ一つが用意された。このうち住民らが食べたカレーは一つの大なべから配られた。

死亡した林大貴君(10)が自宅に持ち帰って食べたカレーの残りからは、ヒ素に加えて青酸化合物も検出された。カレーなべのそばにあったおでんのなべからは、ヒ素、青酸化合物ともに検出されなかったという。

県警が科警研に分析を依頼した試料は二十数点。まだすべての検査は終わっていないが、今後、別の試料からもこれらの毒物が検出される可能性があるという。

捜査本部によると、カレーは夏祭り当日の七月二十五日午前八時半ごろ、園部第十四自治会の主婦らが現場近隣の民家のガレージで仕込みを始めた。その後、大なべ二つをそのままガレージ内で、小なべを近くの別の民家の台所に持ち込んで煮込んだ。

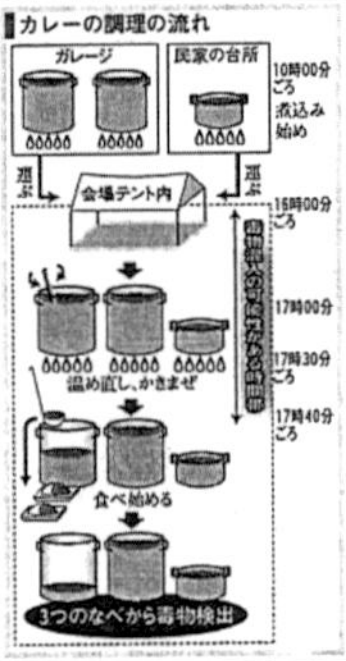

午後一時すぎに小なべが祭り会場の空き地に運び込まれ、午後四時までに大なべ二つも会場に運ばれた。午後五時ごろには、温め直すため再点火され、十数人の主婦らがかきまぜるなどしながら祭り開始を待ったという。

午後五時四十分ごろに、最初の被害者がカレーを食べているため、捜査本部は、カレーに毒物が投入された時間帯を三つのなべがそろった午後四時以降、午後五時四十分ごろの間に絞り込んだ。

また、三つのなべすべてからヒ素が検出されたことで、これまで一つのなべだけに青酸化合物が混入したとする見方より、すべてのなべに青酸化合物が投入された可能性の方が強いとみている。

捜査本部は今後、三つのなべの周囲にいたとみられる住民らから事情を聴き、不審人物がまじっていなかったか、だれもいなくなった時間帯はなかったかなどについて調べ、犯人の特定を進める。

梅里雪山で10遺体確認

【徳欽（中国雲南省）3日＝琴寄辰男】中国・雲南省の梅里雪山（六、七四〇㍍）で遭難した京都大学学士山岳会と中国の合同登山隊の遺体の収容作業に当たっている合同派遣隊は三日、明永氷河の現場で十人の遺体を確認した。日本人と見られる遺体が五体あり、うち三体は衣類などに記された名前などから京都大工学部の児玉裕介さん（当時二三）と、朝日テクノシステム部の米谷佳晃さん（当時三二）と見られる。

合同派遣隊はこの日で収容作業をすべて終え、四日は遺体などを同隊のベースキャンプ手前まで運ぶ予定。合同派遣隊によると、残り五体のうち、二体は中国人。三体はどちらか分かっていない。このほかにも遺品の一部などがあり、いずれも氷河上の安全な場所に移した、という。

断定した。３つのなべには、砒素と青酸化合物の両方が投入された疑いが強く、この時間帯に会場にいた住民から、当時の状況や不審人物が出入りしなかったか、詳しく事情を聴いています。調べによると、祭りには、カレーをつくるため大なべ２つと、小なべ１つが用意された。このうち住民らが食べたカレーは、１つの大なべから配られた。死亡した林大貴君（10）が自宅に持ち帰って食べたカレーの残りからは、砒素に加えて青酸化合物も検出された。カレーなべのそばにあったおでんの鍋からは、砒素、青酸化合物ともに検出されなかったという。捜査本部によると、カレーは夏祭り当日の7月25日の午前8時半頃、園部第14自治会の主婦らが、現場東隣の民家のガレージで仕込みを始めた。その後、大なべ２つをそのままガレージ内で、小なべを近くの別の民家の台所に持ち込んで煮込んだ。午後2時すぎに小なべが祭り会場の空き地に運び込まれ、午後4時までに大なべ２つも会場に運ばれた。午後5時ころには、温め直すため再点火され、十数人の主婦らが、かきまぜるなどしながら、祭りの開始を待ったという。午後5時40分頃に、最初の被害者がカレーを食べているため、捜査本部は、カレーに毒物が投入された時間帯を３つの鍋がそろった午後4時以降、5時40分頃の間に絞り込んだ。』

平成10年8月4日の産経新聞朝刊1面では、以下のように報道されています。

毒物カレー事件

3つの鍋すべてにヒ素

無差別殺人計画と判断

午後4時以降に混入

捜査本部

青酸、ヒ素混合
薬品は4種類

※レイアウト 編集者修正

『3つの鍋全てにヒ素　毒物カレー事件　無差別殺人と判断　捜査本部 自治会の夏祭りで、調理されたカレーを食べた小学生ら4人が死亡した和歌山の毒物カレー事件で、和歌山東署捜査本部は3日、住民らが調理したカレーの3つのなべすべてから砒素を検出したと発表した。検出された砒素は微量だが、捜査本部は、自然に混入したとは考えられないとしており、何者かがカレーのなべに砒素を投入、無差別殺人を図ったと判断。青酸化合物と合わせ、両方の薬物を入手できる立場の人物の洗い出しなどに全力を挙げている。砒素は、和歌山県警の依頼を受けた、警察庁科学警察研究所の鑑定で検出、青酸化合物が混入されたなべ（直径30センチ、高さ45センチ）をはじめ、ほとんど手付かずだった、同型のなべと家庭用のなべの計3つから砒素が検出

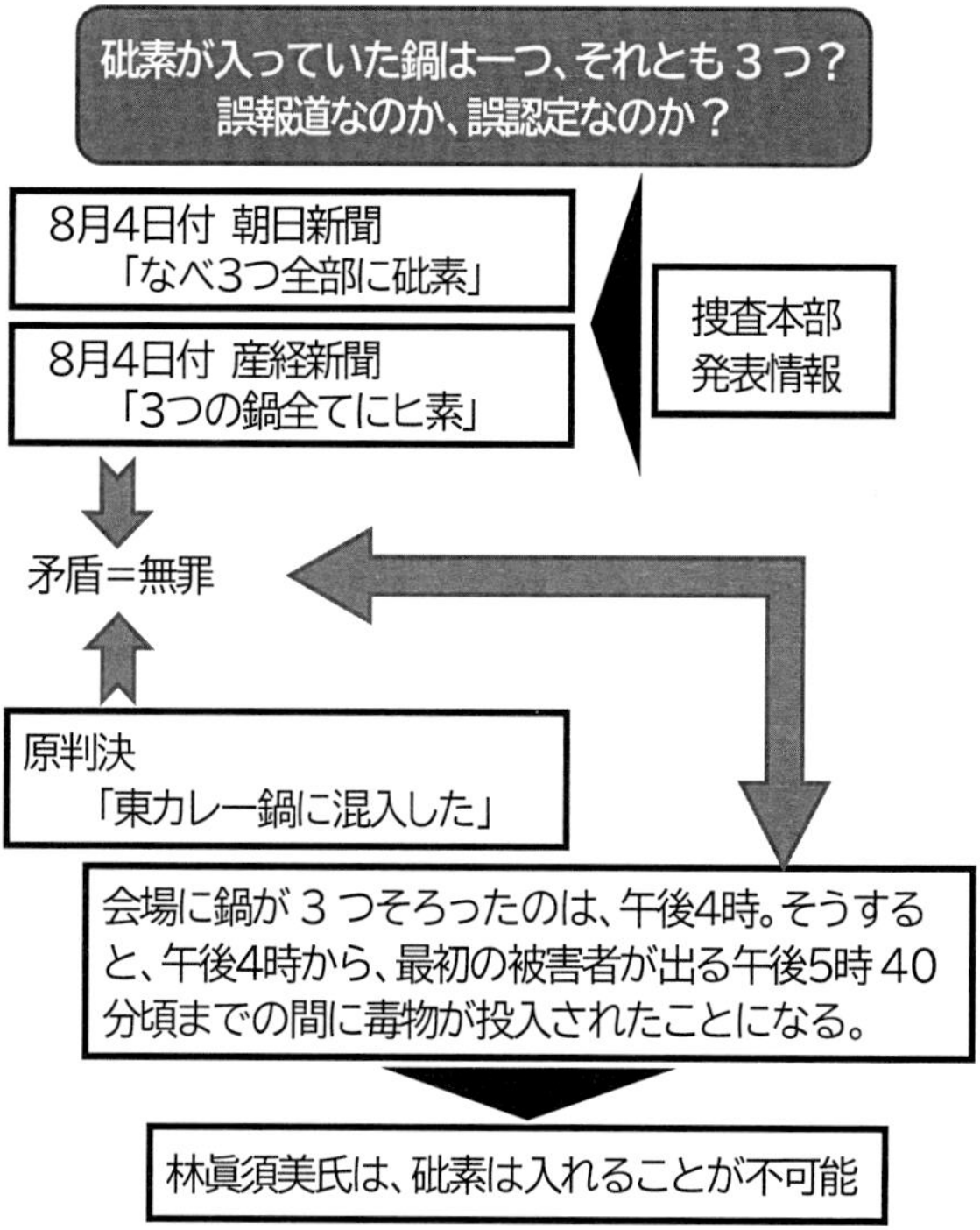
砒素が入っていた鍋は一つ、それとも３つ？
誤報道なのか、誤認定なのか？
8月4日付 朝日新聞
「なべ3つ全部に砒素」
8月4日付 産経新聞
「3つの鍋全てにヒ素」
捜査本部
発表情報
矛盾＝無罪
原判決
「東カレー鍋に混入した」
会場に鍋が３つそろったのは、午後4時。そうすると、午後4時から、最初の被害者が出る午後5時40分頃までの間に毒物が投入されたことになる。
林眞須美氏は、砒素は入れることが不可能

された。また死亡した市立有功（いさお）小学校４年、林大貴君（10）が自宅に持ち帰った食べ残したカレーからは、県警科学捜査研究所での鑑定に続き、青酸化合物が検出された。一方、同じ祭りで調理されたおでんからは、青酸化合物や砒素などの毒物は検出されなかった。』

原判決と明白に矛盾する朝日新聞、産経新聞のいずれも平成10年８月４日の朝刊の記事、いずれも和歌山県警捜査本部の発表と銘打っている。もし、朝日、産経が誤報をしたとすれば、和歌山県警捜査本部に対する虚偽の報道にもなります。朝日、産経の報道が正しければ、原判決の認定は明らかに誤りです。それも事件直後ならともかく、事件から1週間も経った8月4日の報道なのです。

3つの鍋が、会場にそろったのは、午後4時、そうすると、午後4時から、最初の被害者が出る午後5時40分までの間に、毒物が投入されたことになります。林眞須美氏は、砒素を入れることができません。以上の判決と全く矛盾する結果は、どう結論すべきでありましょうか?

C　砒素と青酸が2つ同時に全鍋から検出されている

砒素と青酸が2つ同時に全鍋から検出されている。この点をどう判断すべきでしょうか。

原判決14章の10（原判決895頁）は、前記のとおり、『被告人は、午後零時20分頃から午後1時頃までの間に、亜砒酸を本件青色紙コップにいれてガレージに持ち込んだ上、東カレー鍋に混入した。』と認定しています。要するに、被告人がカレーに混入したのは、亜砒酸つまり砒素であって、砒素と同時に青酸までも混入したのではありません。

平成10年8月3日の朝日新聞朝刊では、次のように報道しています。

『「青酸カレー、ヒ素も検出　和歌山県警　毒物2種投入の見方、和歌山市園部の自治会の夏祭

青酸カレー、ヒ素も検出

和歌山県警　毒物2種投入の見方

和歌山市園部の自治会の夏祭りで青酸化合物入りのカレーライスを食べた住民四人が死亡した事件で、和歌山県警捜査本部は二日、死亡者の胃の内容物や食べ残しのカレーから猛毒のヒ素を新たに検出した、と発表した。県警から依頼を受けた警察庁科学警察研究所の検査で分かった。捜査本部は二種類の毒物が意図的に同時にカレーに投入された可能性があるとみている。

(27面に関係記事)

捜査本部は事件発生後、被害者が吐いた物や容器に残っていたカレー、水などの試料を採取。これまでに四百八十五点の検査を終えた。このうち、死亡した自治会長の谷中孝寿さん(六四)の胃の内容物など三十二点から青酸化合物の反応を得た。一方で、比較的保存状態のよい別の二十数点の試料を科警研に送り、精密検査を依頼していた。捜査本部では青酸化合物の鑑定に重点を置いていたため、ヒ素の検査はしていなかった。

科警研の検査結果によると、谷中さんの胃の内容物と、林大貴君(一〇)が祭りの会場から自宅に持ち帰って食べたカレーの残りの計二点から、ヒ素が検出された。検出量は二点合わせて一㍉以下という。ヒ素が検出されたものの、死亡した四人の死因は青酸化合物による中毒とみられる。

また、これらの試料からは青酸化合物は検出されなかった。青酸化合物は分解しやすく、時間が経過すると検出しにくくなるためとみられる。

捜査本部は、同じ人物が青酸化合物とヒ素を投入したとみて、今後、物質の特定や入手経路、盗難、紛失の状況などを調べる。

ヒ素化合物の多くは青酸化合物より比較的毒性が弱いが、長期間にわたって体内に蓄積されると中毒症状を引き起こすとされる。

専門家によると、青酸とヒ素の両方を含有する化合物は一般的には知られていない。このため、二種類の薬品を投入した可能性が高いが、不純物としてヒ素が混じった可能性もあるという。

事件は七月二十五日夕に和歌山市園部の自治会主催の夏祭りであった。住民がつくったカレーライスを食べた六十七人が激しい吐き気を訴えて病院に運ばれ、四人が死亡した。二日正午現在、三十三人が入院、三十人が通院している。

ヒ素　通常は灰白色の金属光沢を持つ結晶で存在し、合金や半導体などの材料として使われる。亜ヒ酸など化合物は有毒なものが多く、殺虫剤や殺そ剤、農薬などに使われてきた。毒物及び劇物取締法で毒物に指定されている。吸収すると、急性症状ではおう吐や下痢などを起こし、重い場合は死亡する。肝臓障害や皮膚がんなどの慢性中毒を引き起こす場合もある。

※レイアウト
編集者修正

りで、青酸化合物入りのカレーライスを食べた住民4人が死亡した事件で、和歌山県警捜査本部は2日、死亡者の胃の内容物や、食べ残しカレーから猛毒の砒素を新たに検出した、と発表した。県警から依頼を受けた警察庁科学警察研究所の検査で分かった。捜査本部は2種類の毒物が意図的に同時にカレー鍋に投入された可能性があるとみている。

捜査本部は、事件発生後、

被害者が吐いた物や、容器に残っていたカレー、水などの試料を採取、これまでに485点の検査を終えた。このうち、死亡した自治会長の谷中孝壽（64）の胃の内容物など32点から、青酸化合物の反応を得た。一方で、比較的保存状態のよい別の20数点の試料を科警研に送り、精密検査を依頼していた。捜査本部では、青酸化合物の鑑定に重点を置いていたため、砒素の検査をしていなかった。

科警研の検査結果によると、谷中さんの胃の内容物と、林大貴君（10）が祭りの会場から自宅に持ち帰って食べたカレーの残りの計2点から、砒素が検出された。検出量は2点合わせて1g以下という。砒素が検出されたものの、死亡した4人の死因は青酸化合物による中毒とみられる。

また、これらの試料からは、青酸化合物は検出されなかった。青酸化合物は分解しやすく、時間が経過すると検出しにくくなるためとみられる。捜査本部は同じ人物が青酸化合物と砒素を投入したとみて、今後、物質の特定や入手経路、盗難、紛失の状況などを調べる。』

平成10年8月3日の産経新聞朝刊1面では、次のように報道されています。

『「新たに「ヒ素」検出　和歌山の青酸カレー事件　犠牲者や食べ残しから　混合、殺傷力高め

新たに「ヒ素」検出
和歌山の青酸カレー事件
犠牲者や食べ残しから
混合、殺傷力高める?
捜査本部

※レイアウト
編集者修正

る?」 夏祭りのカレーを食べた小学生ら4人が死亡し、63人が中毒被害を受けた、和歌山の青酸カレー事件で、和歌山東署捜査本部は2日、警察庁科学警察研究所に鑑定を委託していた、カレーのルーなどの検体のうち、食べ残しのカレーなど2点から、猛毒の砒素を検出したと発表した。犯人は殺傷力を高めるために、青酸化合物にヒ素を混ぜていたとみられ、無差別殺人の可能性がより濃厚になった。さらに犯人は双方を入手できる立場にいるとみられ、捜査本部は人物特定をするうえで、貴重な資料になると判断、事件当日の状況解明や、動機面での捜査を併せ、入手ルートの特定を急ぐ。

捜査本部によると、ヒ素が検出されたのは

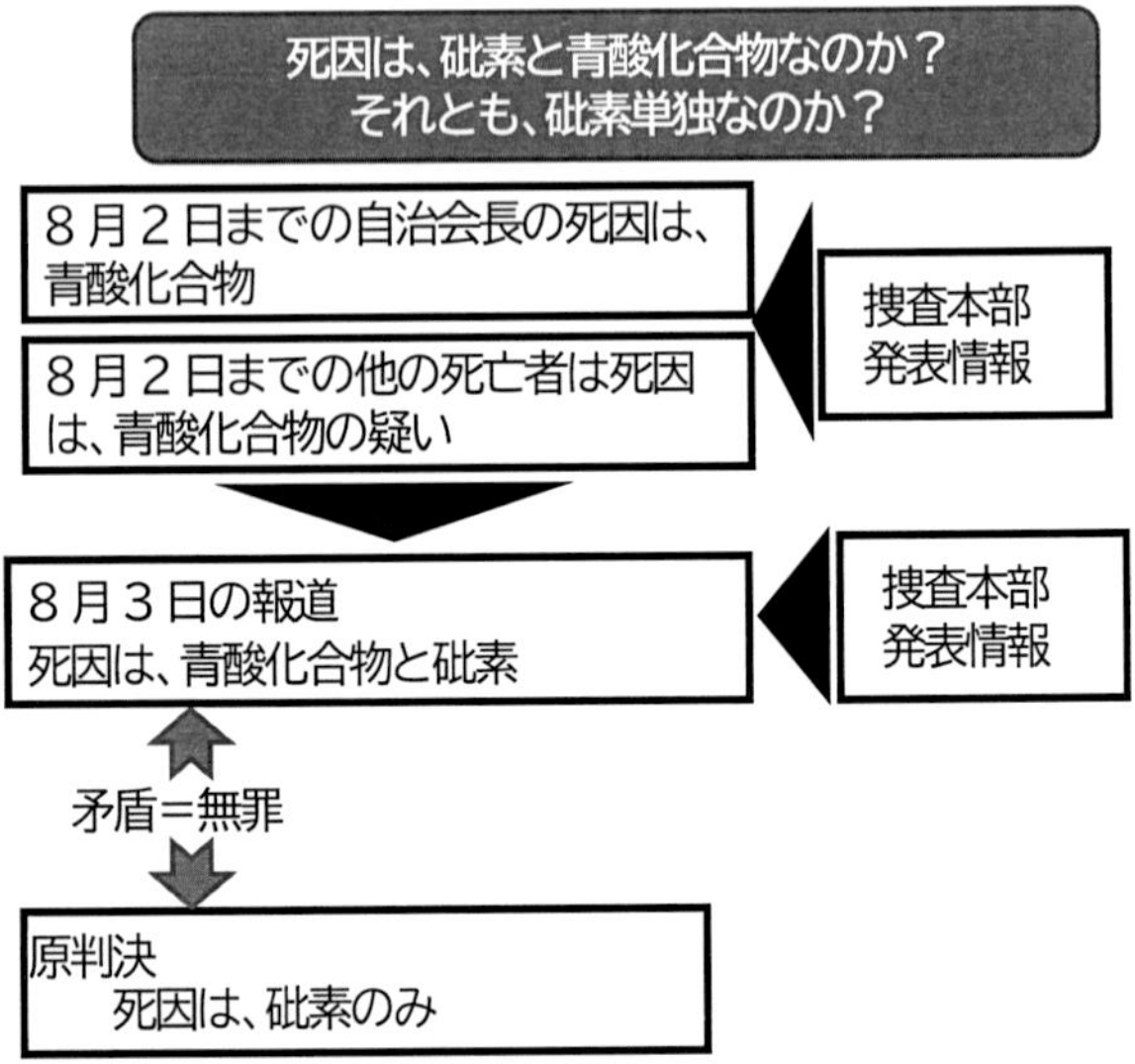
死因は、砒素と青酸化合物なのか？
それとも、砒素単独なのか？
8月2日までの自治会長の死因は、青酸化合物
8月2日までの他の死亡者は死因は、青酸化合物の疑い
捜査本部発表情報
8月3日の報道
死因は、青酸化合物と砒素
捜査本部発表情報
矛盾＝無罪
原判決
死因は、砒素のみ

捜査本部が先月29日に科学警察研究所に鑑定委託をしたカレーや嘔吐物など20数点のうち、亡くなった小学4年、林大貴君（10）の食べたカレーと同じく亡くなった自治会長、谷中孝壽さん（64）の胃内容物から、そのほかの検体についても、さらにヒ素やその他の物質の検査を進めている。

　これまでの県警科学捜査研究所の検査では、谷中さんの心臓血と胃内容物から青酸化合物が検出されたため、死因は青酸化合物による中毒死と断定。また、亡くなった林君らほかの3人の胃内容物などからは、青酸化合物による中毒死の疑いがあるとしていた。

　ヒ素が検出されたことによって、少なくとも2人の検体には2種類の猛毒が混入されていた。ほかの被害者のおう吐物や、残ったカレーについても検査を進めており、今後、ヒ素が検出される可能性は強い。
　関係者によると、ヒ素は青酸化合物や鉛と並んで毒性が強いが、ヒ素と青酸化合物の両方の成分を使用した薬剤は確認されていない。こうしたことから、カレーに混入した犯人は、青酸化合物の殺傷力をさらに高めるために、２つを混ぜ合わせて、カレーに入れたとみられる。また、今回のヒ素検出を受けて、捜査本部は「４人の死因が青酸化合物かヒ素のどちらかについては、今度さらに検査を進める」としている。』

　要するに、県警本部は、自治会長の死因は青酸化合物と断定した。しかし、外の死亡者の死因は、青酸化合物の疑いがあるとしていたが、今回砒素が検出されたというものです。判決の認定は砒素だけですが、新聞報道は、青酸化合物と砒素が死因とする報道です。それも事件直後ではなく、事件報道が落ち着いて、事件から１週間も経った、８月３日の報道なのです。これをどう理解すべきでしょうか？

Ｄ　被告人の犯行と全く矛盾する報道が、８月３日、４日の新聞で報道されている原判決の罪となるべき事実における被告人の犯行は、7月25日に東なべ1つに砒素を投入とする犯行です。ところがこれと全く矛盾する、3つのナベ全部に砒素が投入されていたとする報道や、ナベ全部に砒素と青酸が投入されていたという新聞報道があるのです。

無罪を争う被告人の弁護人が、どうしてこのような被告人の無罪事実を取り上げて、これを根拠に、無罪を争わないのでしょうか。このような明らかな無罪事実を主張しない弁護は、死刑を食い物にする弁護人による弁護といわれても仕方が無いことでしょう。

和歌山カレー事件、の冤罪に弁護人がどのように関与しているのか詳細に検討しました。「和歌山カレー事件」の冤罪成立には、弁護人の協力無しでは成功しなかった事実が明らかになりました。

このような弁護人達が放置されたままでよいのでしょうか。

闘わざるを得ない12の理由

①死亡した4人の正規の解剖結果、死亡診断書、死体検案書が証拠として裁判に提出されていない

②死因が、食中毒、青酸化合物、砒素と変遷している

③早々の捜査開始と超早期の捜査本部設置

④捜査の常道、被害者の身辺捜査をしていない

⑤なぜ、代替証拠がだされているのか？ 違法性があるのではないか？有無

⑥無罪事件を弁護人は同意している

⑦泉克典の調査をまったくしない

⑧死亡保険金の受取人でなくても、死亡保険金を受け取れるとする訴追側、裁判所

⑨弁護人は、動機の解明について、それを全く追及しない

⑩弁護人は、カレーに投与した砒素の量は、450 名～1350 名の致死量に当たる、これだけの砒素を投入する準備を被告人がしていたか否かを一切弁論しない

⑪膨大は情況証拠群、捜査、訴追機関のマインドコントロールに踊らされる弁護、裁判

⑫原判決有罪の理由中の被告人が無罪である証拠3ヶ所及び有罪の罪となるべき事実と矛盾する被告人の無罪証拠について、弁論では何の追及もしない

第3、「捜査法」が無い社会では、真の任侠道は存在できない

「捜査法」の無い社会では、暴力団等と癒着する不謹慎の警察官、検察の不良捜査公務員を生むことです。捜査機関がする捜査に何の制限もありません。そこで、不良公務員と暴力団との癒着も見逃されます。

「日本タイムズ」社主川上も警官の渡した拳銃を使った暴力団員に何度も襲われています。日本国民は冤罪防止を通じて、「捜査法」の制度と裁判官の独立を確立し、日本を真の民主主義社会にする必要が急務です。

捜査員の中で、不謹慎の不良公務員が暴力団員と癒着し、暴力団員にピストルを与えて殺害事件を起こします。

そこで、法は暴力団員を一挙に暴対法で取締まることになります。

そのため「捜査法」の無い社会では、真の任侠道（仁義を重んじ、困っていたり苦しんでいたりする人を見ると放っておけず、彼らを助けるために体を張る自己犠牲的精神）の存在の余

地が無くなります。
（この点は一冊の本を要するので、以下省略し、本書はこれで終りとします。）

あとがき

「和歌山カレー事件」は単なる冤罪事件ではありません。

捜査機関において、真犯人と目される政府関係の最有力者ないし、団体の犯人を意図的に逃しました。それだけならまだしも、真犯人の代わりに無辜の市民を犯人にデッチ上げ、死刑判決を押し付けます。こうすると真犯人を逃したことは、永遠に不明となります。

民主主義を標榜する国家のやることでしょうか。これが出来るのは「捜査法」が無い捜査と「裁判官の独立」の無い裁判が揃っているからです。

日本は恐ろしい社会です。いつ何時、第2、第3の「和歌山カレー事件」の被告人にされるかもしれない運命に、ほとんどの国民の全ての人が置かれているわけです。

「和歌山カレー事件」は国連を介してでも正さなくてはなりません。国連に訴える準備をしていて、締約国の国民から人権委員会に直接訴えることが出来る「第一選択議定書」を日本国は批准していないことが解りました。ほとんどの締約国が批准している「第一選択議定書」を日本は批准していないのです。

言うまでもなく、「捜査法」が無い捜査、「裁判官の独立」の無い裁判が国民から直接国連に訴えられることを阻止するためです。「天網恢恢疎にして漏らさず」とは良く云ったものです。

「第一選択議定書」が無くても国連に訴える方法を膨大な国連関係の本と資料の山と丹念に渉猟していて、慣行的手続による請願権があることを発見しました。（『国連法』藤田久一著 東京大学出版会157頁）。

この慣習法による請願権を使って、国連の人権委員会に日本国民として、「和歌山カレー事件」による人権侵害に晒され、国民の生活の心の安定が無いことを訴えることにしました。

次々に出てくるハードル、そして必ずや解決策が発見できること、必死に闘争をしていれば、体験する出来事です。

本書をぜひご一読して、次の機会に妙案の提案者になって下さい。

2023年2月吉日

生田 暉雄

◆著者プロフィール
生田暉雄（いくた てるお）
昭和16 年 10 月 2 日生 弁護士（香川県弁護士会）
【職歴】
1967 年 司法試験合格
1970 年 裁判官任官
1987 年 大阪高等裁判所判事
1992 年 退官、弁護士登録
裁判官歴 22 年、弁護士歴 30 年
【著書】
『裁判が日本を変える』 （本評論社 2007 年）
『裁判員任官拒否のすすめ』（WAVE出版 2009 年）
『最高裁に「安保法」違憲判決を出させる方法』
（三五館 2016 年 ）
『「和歌山カレー事件「再審申立書」冤罪の大カラクリを根底から暴露」 （万代宝書房 2021 年）
『和歌山カレー事件「再審申立書」【概説】』
（万代宝書房 2021 年）
『死刑を弄ぶ国家』（万代宝書房 2022 年）
『冤罪はこのようにして晴らす』（万代宝書房 2022 年）
など

国連に「冤罪・和歌山カレー事件」を訴える
日本の「捜査法」の無い捜査、
「裁判官の独立」の無い裁判は世界人権宣言違反

2023年2月14日　第1刷発行
著　者　生田 暉雄
発行者　釣部 人裕
発行所　万代宝書房
〒176-0002
東京都練馬区桜台1丁目6番9号 渡辺ビル102
電話 080-3916-9383　FAX 03-6883-0791
ホームページ：http://bandaiho.com/
メール：info@bandaiho.com
印刷・製本　日藤印刷株式会社

ISBN　978-4-910064-80-2　C0032

装丁・デザイン　西宮さやか